Gerhard Alexander Leist

Der attische Eigentumsstreit im System der Diadikasien

Gerhard Alexander Leist

Der attische Eigentumsstreit im System der Diadikasien

ISBN/EAN: 9783743372320

Hergestellt in Europa, USA, Kanada, Australien, Japan

Cover: Foto ©ninafisch / pixelio.de

Manufactured and distributed by brebook publishing software (www.brebook.com)

Gerhard Alexander Leist

Der attische Eigentumsstreit im System der Diadikasien

Der

attische Eigentumsstreit

im

System der Diadikasien.

Tübinger Inauguraldissertation

von

Gerhard Alexander Leist.

JENA
Gustav Fischer
1886.

Meinem geliebten Vater

Dr. Burkhard Wilhelm Leist,

Geheimen Justizrat und Professor der Rechte
an der Universität Jena

zugeeignet.

Vorwort.

Nachdem die Studien meines Vaters, welche die Grundlage seiner „Graeco-italischen Rechtsgeschichte" gebildet haben, meinen Blick bereits auf das griechische Recht gelenkt hatten, regte mich die Lectüre der Bruns'schen Schriften über den Besitz an, auf die grosse Frage hin vom possessorischen Schutz einmal die griechischen Quellen sowie die neuere hierher bezügliche Literatur des griechischen Rechts durchzuarbeiten. Während dieser Tätigkeit verschob sich mir das Ziel mehr und mehr. Die Klage, durch welche ich die possessio separata a proprietate zunächst vertreten glaubte, erwies sich bald als eine petitorische. Aber sie fesselte mein Interesse, weil sie — die δίκη ἐξούλης — doch wieder keine rein petitorische war. Die Frage, welches denn die eigentliche Eigentumsklage sei, lag nahe. Ich fand an ihrer Stelle ein iudicium duplex, eine Gestaltung, die um so mehr der Beachtung wert zu sein schien, weil sie grosse Ähnlichkeit mit derjenigen aufweist, von welcher uns Gaius aus dem altrömischen Recht berichtet, und die man hier so seltsam gefunden hat, dass man sie hinausinterpretieren zu müssen glaubte. Indem ich das Wesen des attischen Doppelprocesses (διαδικασία), der sich inzwischen, wenn

auch nicht unter demselben Namen, auch im Gesetzbuch von Gortyn (Bücheler u. Zitelmann, d. Recht von Gortyn S. 87 ff.) herausgestellt hat, zu ermitteln strebte, gelangte ich zu dem Begriff der Relativität des Eigentumsbeweises, dem sich bereits bezüglich des römischen Sacramentsprocesses Eck in seiner Schrift „Die sog. doppelseitigen Klagen u. s. w." genähert hat. Die betreffende Stelle lautet: „Da beide Teile vor dem Richter ihren angeblichen Erwerbsgrund zu erweisen hatten, so musste sich dabei notwendig ein Übergewicht des Anrechts auf einer von beiden Seiten herausstellen, oder es musste doch wenigstens erhellen, welche Partei zuletzt im redlichen Besitz der Sache gewesen war. Bekanntlich war nun aber der römische Richter in keiner Weise an strenge Beweisregeln gebunden; ja, die Entscheidung hing so sehr von seiner freien Überzeugung ab, dass der ältere Cato die Regel aufstellen konnte, in Ermangelung eines Beweises komme es darauf an, uter vir melior esset (Gellius N. A. XIV. 2). Unter solchen Umständen liegt die Vermutung nahe, dass auch im Sacramentsprocess, wenn kein voller Beweis quiritarischen Eigentums erbracht war, der Richter allemal zu Gunsten desjenigen entschied, welcher das relativ bessere Recht, beziehungsweise den jüngeren Besitz der Sache dargetan hatte. .... Es war damit die Combination der zwei Fragen nach dem Eigentum des A und demjenigen des B gewissermassen zurückgeführt auf die eine Frage: „wer von beiden hat ein besseres Recht?" Da mich hier die Scheu vor dem „Meum ex Iure Quiritium", dessen absoluter Charakter ja bis jetzt über alle Kritik erhaben zu sein scheint, nicht band, so bin ich nicht vor der Consequenz zurückgeschreckt, dass das Recht, welches relativ d. h. als „besser" zu beweisen ist, auch

selbst nur relativ ist. Ich bin damit zu einem ähnlichen Resultat bezüglich des griechischen Rechts gelangt wie Delbrück in seiner Schrift über die dingliche Klage bezüglich des deutschen Rechts. Keineswegs glaube ich, damit etwas für das altrömische Recht bewiesen zu haben. Aber freilich unterscheide ich mich von Delbrück dadurch, dass ich den schroffen Gegensatz, den er zwischen dem deutschen und dem römischen Eigentumsrecht annahm, was das altgriechische und altrömische Recht anlangt, wenigstens nicht zu praesumieren geneigt bin.

Abgekürzt sind citiert:

MSchL. = Der attische Process, vier Bücher, eine gekrönte Preisschrift von Moritz Hermann Eduard Meier und Georg Friedrich Schömann (1. Aufl. Halle 1824). Neu bearbeitet von J. H. Lipsius. Berlin, Calvary.
        Bis jetzt bis S. 675 der 1. Aufl. erschienen.

Platner = Der Process und die Klagen bei den Attikern, dargestellt von Eduard Platner. 2 Teile. Darmstadt 1824.

Einleitung.

Eigentumsbegriff und Eigentumsprocess stehen unzweifelhaft in einem inneren Zusammenhang. Herkömmlich ist es, bei der Behandlung desselben vom Begriff auszugehen und den Process als notwendig oder, wie man gewöhnlich sagt, „natürlich" sich aus ihm ergebend darzustellen.

„Die Ausgleichung der Zustände mit den subjectiven Rechten ist die Hilfe, welche die Staatsgewalt dem Privatrechte angedeihen lässt . . . . Aber der Staat fordert, bevor er jene Hilfe spendet, den Nachweis der Existenz und der tatsächlichen Verletzung des subjectiven Rechts. Denn 1) nur das Recht will er verwirklichen, 2) nur die dem Recht widersprechenden Zustände darf er von Rechts wegen reformieren. Da nun niemand sein Privatrecht auszuüben gezwungen werden kann, so knüpft der Staat seine Hilfe vor allem an die Klage des Berechtigten." (Pagenstecher, die römische Lehre vom Eigentum III S. 1.) „Das Fundament des Klägers bei der rei vindicatio" (der Eigentumsklage) „ist das Eigentum und dieses muss natürlich von demselben bewiesen werden." (Vangerow, Pand. I § 332 A. 1.) „Dass der Vindicationsbeklagte Besitzer oder Detentor des Objects sein muss, dass man der Eigentumsklage nur durch dieses factische Negieren des Eigentumsrechts (nicht durch bloss wörtliches, wie das des Debitors gegen den Creditor) ausgesetzt wird, liegt im Begriff des Rechts selbst, welches jeden Anderen nur zu einem Nichtbeherrschen des fremden Eigentumsobjects, nicht positiv, verpflichtet." (Boecking, Pand. II § 46 A. 1.) „Da der Beweis des streitigen Rechts denjenigen trifft, welcher eine Aenderung des bei Einleitung des Processes festgestellten Zustandes herbeiführen will, so ist der Besitzer zugleich vom Beweise frei." (Wetzell, der röm. Vindicationsprocess S. 7.) „Inter litigantes non aliter lis experiri potest,

quam si alter petitor, alter possessor est: esse enim debet, qui onera petitoris sustineat, et qui commodo possessoris fungatur." (Ulpian in fr. 62 de iud. 5, 1.) „Retinendae possessionis causa comparata sunt interdicta uti possidetis et utrubi, cum ab utraque parte de proprietate alicuius rei controversia sit, et ante quaeritur, uter ex litigatoribus possidere, et uter petere debeat. Namque nisi ante exploratum fuerit, utrius eorum possessio sit, non potest petitoria actio institui, quia et civilis et naturalis ratio facit, ut alius possideat, alius a possidente petat. Et quia longe commodius est, possidere potius, quam petere, ideo plerumque et fere semper ingens exsistit contentio de ipsa possessione. Commodum autem possidendi in eo est, quod etiamsi eius res non sit, qui possidet, si modo actor non potuerit suam esse probare, remanet suo loco possessio." (Iustinian Instit. § 4 de interd. IV 15.) Es entspricht diese Ordnung „dem natürlichen Princip, dass der Schein nur der Wahrheit, die Tatsache nur dem Rechte zu weichen habe." (Bethmann-Hollweg, der röm. Civilprocess I S. 143.)

Es mag auffallen, dass diese Gestaltung des Eigentumsprocesses (Beweispflicht des Klägers, Beweisfreiheit des Besitzers als Beklagten) doch auch auf dem Gebiete des fertigen römischen Rechts, aus dessen ausschliesslicher Betrachtung heraus jene Behauptung der „Natürlichkeit" entspringt, manche Anfechtung zu erleiden gehabt hat. Denn einmal hat man sich Bedenken darüber gemacht, ob man, indem man dem Nichtbesitzer die „probatio diabolica" aufbürde, den Schutz des Eigentums nicht fast illusorisch mache. Dagegen ist eingewandt, dass die Unmöglichkeit des Eigentumsbeweises durch die Existenz der Usucapion aufgehoben werde, dass jedenfalls für Notfälle die Publiciana und die Interdicte zur Aushilfe vorhanden wären; welche Argumente im Übrigen auch hier ihre Rolle gespielt haben, sehen wir daraus, dass Puchta[1]) jene Meinung, welche zur Übertragung des Beweises für gewisse Fälle auf den Besitzer führt, für „unvernünftig", Brinz[2]) sie für „natürlicher, gerechter und der .... Theorie des Beweises entsprechender" erklärte. Auf der anderen Seite hat

---

1) Puchta, Vorlesungen⁵ I S. 359.
2) Brinz, Pandecten² I § 168.

man auch gefragt, wodurch der Besitzer das Privileg völliger Beweisfreiheit verdient habe, und gewiss wird nicht jeder das Jhering'sche [1]) Auskunftsmittel billigen, bis auf erbrachten Gegenbeweis müsse der Besitzer als Eigentümer gelten. Wenn ich das aus derselben Anschauung hervorgehende Wort Caillemer's [2]) anführe: „Cette faveur, attribuée à celui qui possède, n'a rien que de très-conforme au droit rationnel", so geschieht es nur, um zu zeigen, dass auch hier die Beweismittel noch manchmal den Stempel des „Naturrechts" tragen.

Vielleicht vermag das attische Recht auch Anderen den Gedanken nahe zu legen, dass nur darum unser Eigentumsprocess so natürlich aus dem Eigentumsbegriff hervorzugehen scheint, weil umgekehrt unser Eigentumsbegriff in wichtigen Stücken aus dem Process hervorgegangen ist. Hier haben wir eine Ordnung des Eigentumsstreites vor uns, die mit jener angeblich natürlichen nichts gemein hat, die aber merkwürdigerweise Ähnlichkeit mit derjenigen aufweist, welche wir im Legisactionenprocess der Römer finden. Ihre Eigentümlichkeit gilt es zunächst zu erweisen; dann erst kann die Frage aufgeworfen werden, ob die Athener unseren Eigentumsbegriff gekannt haben oder ob nicht vielmehr wegen jenes inneren Zusammenhangs von Process und Begriff der eigenartige Eigentumsprocess einen juristisch von dem unsrigen zu unterscheidenden Eigentumsbegriff anzunehmen uns zwingt.

1) Jhering, Grund des Besitzesschutzes S. 53.
2) Caillemer, le contrat de vente à Athènes. Révue de législation ancienne et moderne. Paris 1870. S. 652 Anm.

Kapitel I.
Δίκη und ἀμφισβήτησις — actio und controversia.

Als Meier und Schömann ihre berühmte, für das Studium des attischen Rechts grundlegende Preisschrift über den attischen Process schrieben, teilten sie den Stoff durchaus sachgemäss in drei Teile ein; der erste, die ersten beiden Bücher umfassend, enthält die Gerichtsverfassung in der dem attischen mit dem römischen Recht gemeinsamen Scheidung von ius und iudicium; der dritte, das vierte Buch, schildert das formelle Processrecht, den „Processgang", in die Mitte ist eine umfassende Darstellung des materiellen Processrechts eingeschoben. Die Behandlung dieses letzteren Punkts scheint nirgends leichter zu sein, als wo, wie im attischen Recht, uns ein ausgebreitetes Actionensystem, eine Fülle einzelner δίκαι entgegentritt. Denn die Frage, welche Tatsachen den Richter veranlassen sollen, einem bestehenden Zustand gegenüber von Rechts wegen Remedur eintreten zu lassen, und dem Einzelnen gestatten, dieselbe zu fordern, empfängt hier ihre Antwort von dem Magistrat selbst, der den Streit dem Richter übermittelt: wir lesen sie aus der Klage, welche er gewährt. So hat denn auch Meier, der Verfasser des dritten Buches, seine Aufgabe darin gesehen, das Wesen aller der δίκαι zu ermitteln, deren technische Bezeichnungen uns die Redner oder Grammatiker überliefern. Er teilte sie mit den Athenern selbst in die δίκαι κατά τινος und die δίκαι πρός τινα ein; die ersteren sind die attischen Poenalklagen, die letzteren sollten nach Meier alle dinglichen und die ex contractu entspringenden obligatorischen Klagen umfassen. Lipsius[1] hat im Anschluss an Platners[2]), übrigens ohne wei-

---
[1] MSchL. S. 203 ff.
[2] Platner I. S. 437.

tere Begründung auftretende Behauptung, „dass das attische Recht nirgends einen bestimmten Unterschied zwischen persönlichen und dinglichen Klagen aufstellt", die Gegenüberstellung von dinglichen und obligatorischen Klagen πρός τινα beseitigt und dafür eingesetzt, dass es sich „bei den Privatklagen πρός τινα nur um Feststellung eines streitigen Rechtsverhältnisses handelt." Da nun daran kein Zweifel sein kann, dass z. B. das griechische Darlehn eine reine Obligation, die Darlehnsklage, δίκη χρέους, eine obligatorische Klage ist, so fühlt man sich, wenn alle δίκαι eine einheitliche, durch die Rücksicht auf obligatorischen und dinglichen Charakter nicht teilbare Masse bilden sollen, zu der Folgerung genötigt, dass alle δίκαι πρός τινα obligatorisch sein müssen. Dass dem nun wirklich so ist, kann uns ein Überblick über die uns bekannten δίκαι πρός τινα zeigen. Folgen wir der Ordnung Meiers, so finden wir zunächst die δίκη εἰς ἐμφανῶν κατάστασιν, die attische actio ad exhibendum. Wie diese ist sie „in rem scripta", insofern sie gegen jeden Besitzer geht, ohne aber ein dingliches Recht beim Kläger vorauszusetzen; sie entspringt aus einer Zustandsobligation. Den römischen Teilungsklagen communi dividundo und familiae herciscundae correspondiert die δίκη εἰς δατητῶν αἵρεσιν; dagegen vermissen wir eine der actio finium regundorum entsprechende δίκη. Weiterhin folgen die Dotalklage, δίκη προικός, eine eherechtliche Alimentationsklage, δίκη σίτου, die actio tutelae, δίκη ἐπιτροπῆς, eine eigentümliche δίκη μισθώσεως aus der Verpachtung der Mündelgüter, die ἐρανικαὶ δίκαι aus den Societäten der Eranisten und endlich die grosse Menge der gewöhnlichen Contractsklagen. Da wir die Poenalklagen gewiss nicht auf ihren obligatorischen Charakter zu untersuchen brauchen, damit aber der Kreis der δίκαι, deren Namen uns überliefert sind, abgesehen von einigen unbedeutenden oder zweifelhaften, geschlossen ist, so stände das Resultat fest, dass gerade die Athener, von denen Aelian rühmt: Δίκας δὲ δοῦναι καὶ λαβεῖν εὗρον Ἀθηναῖοι πρῶτοι, Klagen für andere als obligatorische Verhältnisse nicht besassen. **Das attische Recht kennt keine δίκαι, keinen Actionenschutz für das Eigentum, das Erbrecht und den Status.**

Also wären diese Rechte nach Puchta's Ausdruck keine „wirklichen", keine „Realitäten", es wäre am Ende eine Macht-

frage gewesen, wer das Erbe eines Verstorbenen erhält, wer eine Sache besitzt, ob jemand Bürger ist oder nicht. Und das nicht etwa bei einem Volk auf niederer Culturstufe, bei einfachen wirtschaftlichen und socialen Verhältnissen, sondern bei den Athenern zur Zeit eines Plato und Demosthenes?

Dem ist nicht so — kannten die Athener für diese Verhältnisse auch keine δίκαι, so doch „ἀμφισβητήσεις". Was bedeutet dieses Wort?

„Ἀμφισβήτησις" entspricht ziemlich genau dem lateinischen „controversia". Cicero übersetzt den Satz in Platos Protagoras p. 337. A.: Ἐγὼ μὲν καὶ αὐτὸς, ὦ Πρωταγόρα τε καὶ Σώκρατες, ἀξιῶ ὑμᾶς συγχωρεῖν καὶ ἀλλήλοις περὶ τῶν λόγων ἀμφισβητεῖν μὲν, ἐρίζειν δὲ μή, wie uns Priscian (II. p. 386) mitteilt so: Nunc a vobis, Protagora et Socrates, postulo, concedatis alter alteri; et inter vos de huiuscemodi rebus controversemini, non concertetis. Im weitesten Sinn heisst ἀμφισβήτησις wie controversia jeder Streit; so führt Pollux (IX. 154) als Synonyma von ἀμφισβητεῖν — ἀμφιβάλλειν, ἐνδοιάζειν, ἀμφιγνοεῖν, διστάζειν auf, wie man mit controversia disceptatio, lis, pugna und drgl. zusammenstellt. Von den ἀμφισβητήσεις περὶ τῆς ἀρχῆς, τῆς ἡγεμονίας bei Isokrates und der controversia de principatu bei Caesar bis zu den wissenschaftlichen Streitigkeiten, an denen auch für uns der Name Controverse haften geblieben ist, finden beide Worte in gleicher Weise mannigfaltige Anwendung. Auf eine etwas engere Bedeutung führt uns die eben citierte Stelle des Plato-Cicero mit ihrer Gegenüberstellung von ἀμφισβητεῖν = controversari und ἐρίζειν = concertare. Wie man bei Stephanus hervorgehoben findet, war es wahrscheinlich dieser Satz, welcher die Grammatiker zu der Bemerkung veranlasste: ἀμφισβητεῖν ἐπὶ φίλων· ἐρίζειν ἐπὶ ἐχθρῶν, und deshalb mag man dabei zunächst an den Gegensatz eines freundschaftlichen Austausches von Behauptungen und Beweisen behufs Klärung einer wissenschaftlichen, vor Allem philosophischen Streitfrage zu einem feindlichen Zank zu denken haben. Aber es braucht nicht notwendig ein Freundschaftsverhältnis zwischen den Streitenden zu sein, welches dem Dissens einen milderen Character verleiht, sondern das Verbindende kann auch in der Anerkennung einer höheren Ordnung bestehen, welcher alle Kampfmittel anzupassen sind, mag es nun die

Logik oder mögen es Gesetze und Regeln einer Wissenschaft sein. Da nun aber auch die Rechtsordnung eine derartige höhere Ordnung ist, so heisst denn ἀμφισβήτησις wie controversia ganz besonders der Rechtsstreit im Gegensatz zum gewaltsamen Streit; und zwar sowohl der Rechtsstreit κατ' ἐξοχήν, der Streit vor Gericht, als auch die Unterhandlung zweier Parteien, welche über eine Rechtsfrage in Zwist geraten sind und sich nun gegenseitig mit Rechtsgründen zu überzeugen suchen.

Eine fernere Verengerung des Begriffs der controversia lernen wir aus Cicero kennen, pro Caecina 2 § 6: Omnia iudicia aut distrahendarum controversiarum aut puniendorum maleficiorum causa reperta sunt, und de Orat. 24 ad fin. § 104: Sive ex crimine causa constet, ut facinoris; sive ex controversia, ut hereditatis. Controversia tritt damit in Gegensatz zum Criminalprocess. Vielleicht wäre eine Untersuchung darüber für das Strafrecht nicht uninteressant, warum im Gegenteil das Wort ἀμφισβήτησις an manchen Strafprocessen haften geblieben ist.

In unserem Zusammenhang kommt es nur darauf an, dass eine andere Einschränkung von den Wörtern ἀμφισβήτησις und controversia gemeinsam erlitten ist. Beobachten wir den Sprachgebrauch des Wortes controversia bei den römischen Juristen, so bemerken wir, dass es in 6 Fällen speciell seinen Platz findet:

1) Controversiae über Status.
2) „ über Proprietas.
3) „ über Possessio.
4) „ über Hereditas.
5) „ über Servituten.
6) „ bei der actio finium regundorum (nicht bei den anderen Teilungsklagen.)

Scheiden wir No. 3 und 5 aus — separata possessio a proprietate ist in Athen unbekannt (übrigens haben die Athener auch keinen ager publicus!), und von Servituten wissen wir nichts oder fast nichts — so haben wir auch das Gebiet der ἀμφισβήτησις im engeren Sinn vor uns, dasselbe Gebiet, für welches wir oben δίκαι vermisst haben.

Durch diesen Umstand ergiebt sich uns der Begriff der

ἀμφισβήτησις i. e. S. zunächst als ein negativer; er umfasst alle Streitverhältnisse, für welche keine δίκαι vorhanden, die nicht obligatorischer Natur sind. Um die Worte Justinians in § 1 J. de act. 4, 6 zu gebrauchen: in den δίκαι „agit unusquisque aut cum eo, qui ei obligatus est, vel ex contractu" (πρός τινα), „vel ex maleficio" (κατά τινος), in der ἀμφισβήτησις „cum eo agit, qui nullo iure ei obligatus est." Bei den δίκαι stehen sich ein Gläubiger und ein Schuldner gegenüber, beide Eigenschaften aber werden durch die eine zwischen ihnen bestehende Obligation begründet, deren Existenz oder Nichtexistenz es also für die Parteien zu erweisen gilt. Auch bei den ἀμφισβητήσεις ist der Besitzer schuldig, die Sache dem Gegner herauszugeben, der assertor in libertatem schuldig, den Sklaven dem Herrn zu überliefern, aber dies ist etwas Secundäres; zunächst handelt es sich für den Richter um die Frage, ob der Besitzer, dessen Eigentum ja angeblich zu praesumieren ist, oder der Nichtbesitzer wirklich Eigentümer ist. In diesem Gegensatz zu den obligatorischen Klagen haben, wird man zugeben, die controversiae proprietatis, hereditatis und die controversiae status oder, wie man sie gewöhnlich nennt, die praeiudiciales actiones, etwas Gemeinsames. Aber diese Einheit scheint eben nur eine Einheit der Negation zu sein. Um so mehr Bedenken musste der positive Ausdruck erregen, unter welchem Justinian und vor ihm wohl schon die classischen Juristen Eigentums-, Erbschafts- und Praeiudicialstreitigkeiten zusammenfassen: actiones in rem. Während Windscheid [1]) nur damit helfen zu können glaubt, dass er demselben wieder den negativen Sinn: actiones non in personam unterschiebt, hat Savigny [2]) richtig erkannt, dass man die positive Einigung in der Processform suchen müsse; indem er darauf aufmerksam macht, dass die Statusfragen in der Form der vindicatio erörtert werden konnten, meinte er feststellen zu können, dass die Statusklagen, nach ihm die einzig möglichen Praeiudicialklagen im iustinianischen Recht, sich im Anschluss an die Eigentumsklage, die in rem actio specialis, entwickelt hätten; daher die Zuzählung zu den in rem actiones.

---

1) Windscheid, die Actio des röm. Civilrechts S. 11 ff.
2) v. Savigny, System V. § 207 ff.

Sollte nicht umgekehrt der Grund darin liegen, dass im älteren römischen Recht die Eigentums- und Erbschaftsstreite die Form der Praeiudicien hatten und dass dieser praeiudicielle Character auch dann nicht ganz vergessen werden konnte, als dieselben dadurch obligatorische Form erhielten, dass neben die Pronunciatio auch bei ihnen die Obligatio auf condemnari oportere trat?

Ich hoffe nachweisen zu können, dass im attischen Recht die nichtobligatorischen Streitigkeiten, also die $\dot{\alpha}\mu\varphi\iota\sigma\beta\eta\tau\acute{\iota}\sigma\varepsilon\iota\varsigma$ oder controversiae um Eigentum, Erbschaft und Status in einem eigenartigen Processverfahren pronunciativen, praeiudiciellen Wesens zum Austrag kommen, der **Diadikasie**.

Kapitel II.
Die Diadikasien.

Praeiudicien haben den Zweck, die richterliche Beurteilung eines Rechtsverhältnisses, welches jetzt streitig ist oder in Zukunft streitig zu werden droht, dadurch zu ermöglichen oder zu erleichtern, dass einer der wesentlichen Bestandteile desselben im Voraus abgesondert untersucht wird. Solcher Bestandteile sind vier: Die Personen, zwischen welchen das Rechtsverhältnis bestehen soll, ein Berechtigter und ein Verpflichteter, dann das Object der Berechtigung resp. Verpflichtung, endlich die das Rechtsverhältnis begründende Tatsache. Die Frage, wann diese Punkte eine abgesonderte Klärung wünschenswert erscheinen lassen oder fordern, ist natürlich nicht absolut zu beantworten; es handelt sich hier um eine Bedürfnisfrage. In Athen, wo die Processe vor dem allgemeinen Volksgericht der Heliasten in einem Tage erledigt werden mussten, ja wo den Parteien die Zeit für ihre Erörterungen nach der Wasseruhr zugemessen wurde, kam es offenbar in ungleich höherem Grade darauf an als bei uns, das Material vorher zu sichten, um für die Darlegung der Endfrage Zeit genug zu besitzen. Diese Aufgabe mussten zunächst die Parteien selbst zu erfüllen suchen; es ist deshalb erklärlich, dass im attischen Recht die privaten Verhandlungen vor dem Process eine grosse Rolle spielen. Die Haupttätigkeit aber entfaltete sich in dieser Richtung vor dem Tribunal des Magistrats, welcher die Sache vor Gericht bringen sollte (εἰσάγειν). Hier wurden[1] nicht nur die Behauptungen der Parteien vernommen und in die gehörige Form gebracht, sondern auch die Beweismittel gesammelt, auf welche jeder der Streitenden sich in iudicio stützen wollte. Zu diesem Zweck wurden die Gesetze, auf welche sie sich zu be-

---

[1] vgl. das 4. Buch des Att. Processes.

rufen dachten, aufgezeichnet, die Urkunden eingefordert, Zeugen vernommen und ihre Aussagen zu Papier gebracht, Eide abgenommen und ebenfalls niedergeschrieben, so dass dann in iudicio die Parteien ihre Beweise einfach vom Schreiber vorlesen lassen konnten. Häufig erkannte nun der Magistrat schon bei dieser Instruction der Streitsache die Klage als unbegründet und strich sie in Folge dessen aus, bisweilen sah er wohl auch, dass der Beklagte gar nichts für sich vorbringen konnte, und es ist wahrscheinlich, dass er ihn dann selbst verurteilte[1]). Liess sich aber der Streit nicht so kurzer Hand entscheiden, so schloss der Magistrat, wenn er die Sache für genügend instruiert ansah, die „Acten", indem er die Kapsel mit den Beweismitteln versiegelte, und überwies den Process den Richtern, die nun unter seinem Vorsitz zusammentraten. Aber wie, wenn nun der Instructionsmagistrat trotz aller Zeugen, trotz interrogationes in iure, den Sachverhalt wegen rechtlicher Bedenken nicht zu derjenigen Durchsichtigkeit zu bringen vermag, welche die summarische Cognition erheischt? Dann bleibt ihm freilich ausser der Anstellung eines Praeiudiciums noch ein anderes Mittel, wenigstens soweit es sich um Privatprocesse handelt. Er bestimmt nämlich die Parteien, die schwierige Vorfrage einem Schiedsrichter zu übergeben, wenn nicht die Parteien dieses Mittel selbst angewandt hatten. Denn wie es scheint, war es in Privatprocessen völlig dem Belieben der Streitenden überlassen, ob sie vor dem Volksgericht oder einem Schiedsrichter Ausgleich suchen wollten[2]). Im letzteren Fall ersuchten sie einfach den Magistrat um Nominierung eines Diaiteten, vor welchem dann zeitlich durchaus unbeschränkt, formlos und ohne vorherige Instruction durch den Magistrat verhandelt wurde. Aber dieses Mittel, eine schwierige Vorfrage zu erledigen, versagte bei Processen, bei denen im öffentlichen Interesse die Anrufung von Schiedsrichtern für unstatthaft erklärt war; ausserdem aber konnte es den Parteien selbst unbrauchbar erscheinen, wo die Grösse des Objects es verbot, Alles auf die Entscheidung eines oder weniger leicht bestechlicher Mitbürger zu setzen.

---

1) betr. das καταδεδικασμένον φαίνεσθαι bei Isaios Arist. s. unten.

2) Sollten wirklich im Gegensatz dazu die legis actio sacramento und per iudicis postulationem sich so schroff gegenüberstehen, wie man gewöhnlich annimmt?

Denn wenn auch die Entscheidung öffentlicher Diaiteten — im Gegensatz zu der von compromissarischen, welche kraft des Compromisses schlechthin bindet[1]) — stets die Appellation an das Volk offen liess, so wanderten doch die Beweisaufnahmen, die statt des Magistrats der arbiter vorgenommen hatte, wieder als Grundlage der neuen Entscheidung an das Volksgericht, die Parteilichkeit des Schiedsrichters konnte also auch hier noch üble Nachwirkungen äussern; jedenfalls aber bot der Sieg vor dem Diaiteten dem Gegner ein nicht zu unterschätzendes Argument gegenüber Richtern, welche, wie die Reden des Demosthenes, vor Allem aber des Isaios mehr als genug verraten, von der Kunst juristischer Auffassung eines Streitfalles nur sehr wenig besassen. Hier blieb also kein Mittel als die Herbeiführung eines Praeiudiciums durch das Volksgericht selbst.

Versuchen wir nun, die oben genannten vier Kategorien der Praeiudicialprocesse mit den Diadikasien auszufüllen, von denen uns das attische Recht Kunde giebt. Da ich mir die Diadikasien um die Person des Berechtigten bis zuletzt versparen möchte, beginne ich mit:

I. Praeiudicien über die Person eines Verpflichteten.

1. Diadikasien um Leiturgien.

Gewisse unter dem Namen λειτουργίαι zusammengefasste grössere Leistungen für das Gemeinwesen — Choregie, Gymnasiarchie, ἑστίασις, ἀρχιθεωρία und Trierarchie — wurden in Athen den reicheren Bürgern, d. h. denen, welche mehr als 3 Talente besassen, aufgebürdet. Wenn nun auch, wie Demosthenes Phil. I p. 50 § 36 deutlich sagt, ein fester Turnus innerhalb der Phylen für die Übernahme derselben bestand, und wenn auch, wie zahlreiche Quellenstellen uns lehren, die Begüterten sich häufig aus Patriotismus oder Eitelkeit zu diesen ehrenvollen Aemtern drängten, so kam es doch auf der anderen Seite nicht selten vor, dass der zu einer der gewaltigen Aufwendungen Bestimmte sich ungerecht beschwert fühlte, weil ein angeblich Reicherer nicht herangezogen würde. Wenn nun der

---

1) bez. des Diaitetenwesens Genaueres bei Hudtwalcker, die öffentl. u. Privat-Schiedsrichter. Jena 1812.

Magistrat nicht selbst die Beschwerde als begründet erkannte und demzufolge die Leistung auf den Reicheren übertrug, so liess sich dies doch dadurch erzwingen, dass man ein richterliches Urteil erstritt, jener sei der Reichere und müsse deshalb für die Leiturgie in erster Linie in Betracht kommen. Dies geschah in der Form einer διαδικασία zwischen dem ursprünglich in Anspruch Genommenen und dem angeblich mehr Verpflichteten, einem Process, bei dem es nur darauf ankommt, die beiderseitigen Vermögen gegen einander abzuwägen. Der Verfasser der Schrift vom Staate der Athener (3, 4) sagt uns, dass diese Art der Diadikasien allein die attischen Richter während eines grossen Teiles des Jahres beschäftigte; so erklärt sich, dass die Grammatiker sie vor allem oder auch als die einzige Art der Diadikasien anführen[1]). Das Verfahren ist eng verknüpft mit dem merkwürdigen Institut der ἀντίδοσις, nach der älteren und auch jetzt noch herrschenden Anschauung eines totalen Vermögenstausches, zu dem der in Anspruch Genommene den seinen grösseren Reichtum leugnenden Gegner provocieren kann, nach einer neueren, von Dittenberger begründeten und namentlich von Fränkel vertretenen Meinung, nur eines eigenartigen Arrestverfahrens zur Constatierung des beiderseitigen Vermögensbestandes. Da eine Erörterung der interessanten Frage ein näheres Eingehen auf die Diadikasie um Leiturgien bedeuten würde, als es für unsere Zwecke notwendig und für den Zusammenhang wünschenswert ist, so beschränke ich mich darauf, auf die von Lipsius[2]) gegebene Darstellung zu verweisen, in welcher man die bezüglichen Quellenäusserungen und die ziemlich umfängliche neuere Literatur zusammengestellt findet. Noch ist anzumerken, dass auf die Diadikasien um Leiturgien sich drei attische Inschriften beziehen, deren Zusammenhang U. Koehler[3]) zuerst erkannt hat; man findet sie jetzt zusammengestellt in den Nummern 945 bis 947 des C. Inscr. Attic. Die erste enthält unter der Überschrift:

---

1) Suidas v. διαδικασία = Scholien zu (Dem. VII) v. Halon. § 7 etc. Hesych v. διαδικασία· ἡ ἐπίκρισις τοῦ ἐπιτηδείου πρὸς λειτουργίαν καὶ πρὸς τὰ ἄλλα. ἡ ἀμφισβήτησις. κρίσις.

2) MSchL. S. 737.

3) Koehler in d. Mitteil. d. deutsch. archaeol. Instituts in Athen VII. S. 96 ff.

. . . .
[ἐγρα]μμ[άτευεν·]
[οἵδ]ε διεδίκασαν [χορηγοῖς?][1])
κατὰ τὸ τοῦ δήμου [ψήφισμα]

eine lange Liste von einzeln stehenden Namen. Die beiden anderen Inschriften dagegen bringen uns Listen von Namen, deren je zwei durch die Partikel „anstatt" verbunden sind, z. B.

[ὁ δεῖνα] ἀντὶ Βουληκλέους τοῦ Βουλαρχίδου

oder

Μενέλεως ἀρχηγέτης ἀντ[ὶ . . . . .
Ἡρακλῆς ἀρχηγέτης ἀντὶ . . . .
Διοσκόρῳ ἀντὶ Νικοστρά[του . . .[2]).

Koebler hat nun überzeugend nachgewiesen, dass damit die Parteien aus Diadikasien um Leiturgien bezeichnet sind: auf der einen Seite steht der ursprünglich zur Leiturgie Bestimmte, auf der anderen der von ihm als mehr verpflichtet Bezeichnete, welcher nun in der Diadikasie unterlegen ist und als Staatsschuldner aufgeschrieben wird.

2. Diadikasie in der Rede des Demosthenes gegen Boiotos περὶ ὀνόματος (XXXIX) p. 997 10 ff.

Der Sachverhalt ist folgender: Ein legitimer Sohn eines attischen Bürgers streitet mit einem illegitimen, aber legitimierten Bruder[3]) um seinen Namen Mantitheos, welchen dieser sich angeblich ohne Berechtigung beigelegt hat. Nicht aus Händelsucht, sagt er, bringe er diese Sache vor Gericht; sie habe für ihn eine grosse praktische Wichtigkeit, denn die Gleichnamigkeit könne die unangenehmsten Verwicklungen herbeiführen; z. B. wenn „Mantitheos" zu einer Leiturgie bestimmt sei oder als Richter ausgerufen werde oder verklagt werde — wer sei dann gemeint? Am Ende werde nichts übrig bleiben, als das

---

1) Lipsius (MSchL S. 742. A. 756) liest διεδικάσαν[το], „so dass die darunter folgende Liste nicht die Namen der Richter, sondern derer enthält, denen die Leiturgie auferlegt worden."

2) „Der Archeget des Menelaostempels, des Heraklestempels, die Dioskuren anstatt . . ."

3) bez. der vorliegenden Bigamie vgl Buermann in Fleckeisens N. Jahrb. f. class. Phil. IX. Suppl-Bd. 1877—78. S. 569 ff.

Gericht anzurufen. Die Verhandlung aber werde in jedem derartigen Fall sehr unerquicklich werden, denn man würde sich nur gegenseitig mit Schmähungen überbäufen, und zuletzt würde doch nicht der siegen, welcher wirklich gemeint war, sondern derjenige, welcher besser zu reden verstehe. Alles dieses würde entstehen, ὅταν ἀρχῆς ἤ τινος ἄλλου πρὸς ἡμᾶς ἀμφισβητῶμεν. Wir sehen, dass das Wort διαδικάζειν hier nicht gebraucht, sondern nur das ihm nahe verwandte Wort ἀμφισβητεῖν angewandt ist; aber ich glaube mich keinem Widerspruch auszusetzen, wenn ich in dem skizzierten Verfahren eine διαδικασία erblicke.

3. Diadikasie bei Demosthenes gegen Timokrates (XXIV) p. 704 § 13.

Ein attisches Kriegsschiff mit zwei Trierarchen an Bord, auf welchem sich ausserdem auch eine zu einem fremden Fürsten reisende athenische Gesandtschaft befand, hatte ein Handelsschiff von Naukratis als gute Prise weggenommen. Dasselbe war verkauft, der Erlös aber nicht, wie gesetzlich vorgeschrieben, in die Staatskasse gelangt. Als nun in der Volksversammlung beantragt wird, denselben von den Trierarchen einzufordern, treten dagegen jene Gesandten auf und behaupten, die Trierarchen seien nicht schuldig, man möge das Geld bei ihnen selbst suchen [1]). Der Antragsteller amendiert darauf seinen Vorschlag dergestalt, dass zwar zunächst die geschuldete Summe von den Trierarchen eingetrieben werden solle, dass diesen aber Regress gegen die Besitzer freistehen solle [2]). Wenn sich hierbei irgend welcher Streit erhöbe, so sei eine Diadikasie anzustellen, der aber, welcher in derselben unterliegen würde, sei der Schuldner der Stadt (ἐὰν δὲ ἀμφισβητῆταί τι, ποιεῖν διαδικασίαν, τὸν δ' ἡττηθέντα τοῦτον ὀφείλειν τῇ πόλει). Man erkennt hier deutlich die Diadikasie über den Besitz der geschuldeten Sache als Vorprocess zur Bestimmung der Person des Schuldners; dass sie äusserlich der Zahlung folgt, geschieht

---

1) ἀπέλυον τοὺς τριηράρχους, [ἔχειν ὡμολόγουν] παρ' ἑαυτοῖς ζητεῖν ἠξίουν τὰ χρήματα.
2) ἐκείνοις δ' εἶναι περὶ αὐτῶν εἰς τοὺς ἔχοντας ἀναφοράν.

nur in Folge einer rein willkürlichen Massregel, die aus dem Bedürfnis schleuniger Füllung des Staatsseckels hervorgeht.

4. Diadikasien über Schiff und Schiffsgerät in Folge von Trierarchien bei Demosth. geg. Euergos, und Mnesibulos (XLVII) p. 1147 § 28 ff.

Die Trierarchen pflegten in Athen das Schiff und die dazu gehörigen Ausrüstungsstücke (σκεύη) nicht selbst zu stellen, sondern beides wurde ihnen vom Staat geliefert. Alles Staatsgut war dann nach Ablauf des Amtsjahrs an die neuen Trierarchen abzuliefern. Nun kam es, wie uns die angegebene Rede des Demosthenes zeigt, vor, dass jemand die Aufforderung des Nachfolgers in der Trierarchie (διάδοχος) zur Herausgabe der σκεύη mit der Behauptung beantwortete, ein Anderer besitze dieselben, dieser also sei zur Rückerstattung anzuhalten. Aber diese Behauptung konnte nur dann Berücksichtigung finden, wenn sie in einem besonderen Vorprocess erwiesen wurde: der in Anspruch Genommene musste gegen den von ihm als Besitzer Bezeichneten die Wahrheit seiner Denunciation in einer διαδικασία dartun (... οὐδὲ ἀπεγράψατο διαδικασίαν πρὸς οὐδένα, εἴ τινά φησιν ἕτερον ἔχειν τὰ σκεύη καὶ μὴ προσήκειν αὐτῷ ἀποδοῦναι). Aus den Inschriften ist wohl hierher zu beziehen C. I. A. II 2. 811, c. vs. 42—57 S. 262 (bei Boeckh, Staatsh. B. III S. 550 falsch gelesen):

τούσδε παρ[έ]δομεν ὀφείλο[ντας ἐ]πισκευὰς τ[ρι]ήρων etc.: Τελ[εσί]ας Προβαλίσιος συντελὴ[ς] Μύρτων[ος] Τρικορυσί(ου) · ΡΗΗΗΗΡ[⌐]ΔΗΙΙΙΙ[1]). οὗτος δια[δ]ικασ[ία]ν ἀπ[ή]-νεγκεμ πρὸς Μύ[ρ]τω[ν]α Τρικορύσιον περὶ το[ῦ] ἀργυρίου τούτου.

Welcher Art die Diadikasien waren, welche der Verfasser der Schrift vom Staate der Athener (3, 4) mit der Bemerkung bezeichnet: διαδικάζειν, εἴ τις τὴν ναῦν μὴ ἐπισκευάζει, weiss ich nicht. Zu vergleichen dürfte sein C. I. A. II. S. 212, 803. d. vs. 89—99 = Boeckh a. a. O. Nr. 10 S. 384:

Δαίμων Φλυεύς, νεωρίων ἐπιμελητ(ὴς) ἐπὶ Καλλιμήδους ἄρχοντος[2]), καὶ ἕτερον, ὃ εἰς βουλευτήριον κατέβαλεν, ὃ

---
1) 972 Drachmen 4 Obolen.
2) 360|59 v. Chr.

ὤφλεν ἐκ τῆς διαδικασίας, ἣν διεδικάσατο πρὸς Θεοφάνην Σποιδίο(υ) Κοπρεῖ(ον) XX𝈿HHH⊢⊢⊢⊢ ¹).

Boeckh (a. a. O. S. 214) bemerkt dazu nur: „Ist es zweifelhaft, wer von mehreren eine bestimmte Schuld an den Staat zu zahlen habe, so findet zwischen diesen eine Diadikasie statt", ohne eine Vermutung darüber kund zu geben, wie der Werftvorsteher in einen Diadikasieprocess verwickelt und wer sein Gegner gewesen sein mag.

II. Praeiudicien über das Object der Berechtigung und Verpflichtung.

Ich muss gestehen, dass mir Diadikasien dieser Art nicht bekannt sind. Fern aber sei der Schluss, dass es solche nicht gegeben habe. Jede Ausgrabung auf hellenischem Boden, vielleicht auch schon ein genaueres Nachsuchen in der griechischen Literatur, als es mir möglich war, kann uns ein Analogon zu den praeiudicia quanta dos sit und an ea res, de qua agitur, maior sit centum sestertiis zu Tage fördern. Um aber unter dieser Überschrift nicht vollkommen tabula rasa zu lassen, seien hier die beiden διαδικασίαι erwähnt: Ἀθμονεῖσι περὶ τῆς μυρρίνης καὶ τῆς μίλακος, über den Myrthen- und Taxusbaum, und Εὐδανέμων πρὸς Κήρικας ὑπὲρ τοῦ κανῶς (τῶν κανῶν) ²). Sie können deshalb ebenso gut hier wie anderswo ihren Platz finden, weil man über ihre Bedeutung gar nichts weiss.

III. Praeiudicien über berechtigende und verpflichtende Tatsachen.

In welchem Gegensatz diese Kategorie der Praeiudicien zu der folgenden steht, wird am leichtesten ein Beispiel illustrieren. Wählen wir als Vertreter der ersteren das bekannte „an praedictum sit in sponsione", der letzteren eine der Diadikasien, welche wir unter IV zu behandeln haben werden, etwa den Streit zweier Denuncianten um die ausgesetzte Belohnung. Handelt es sich hier, fragen wir, nicht ebenso gut darum, ob die Tatsache, an deren Eintritt der Aussetzer der Belohnung die

---

1) 2704 Drachmen.
2) Genaueres bei MSchL S. 472. A. 4.

Berechtigung auf dieselbe geknüpft hatte, vorliegt, ob nämlich der Bewerber die beste Anzeige erstattet hat, wie dort, ob die eine Stipulation begründende Tatsache, nämlich das Aussprechen der Formel, existiert? Der Unterschied liegt darin, dass, während im letzteren Fall ein Umstand in Frage kommt, welcher die Obligation begründet, im ersteren bezweckt wird, eine bereits bestehende, aber für eine incerta persona begründete Obligation auf eine certa persona hinzuwenden.

1. Diadikasien ($\sigma\kappa\acute{\eta}\psi\epsilon\iota\varsigma$) $\kappa\alpha\tau\grave{\alpha}\ \chi\epsilon\iota\mu\tilde{\omega}\nu\alpha$, in den Urkunden betr. das Seewesen der Athener, hrsg. v. Boeckh, Staatsh. Bd. III C. I. A. II 2 S. 158—272.

Wie wir oben gesehen, mussten die Schiffe und Schiffsgerätschaften nach Ablauf der Trierarchie unverletzt zurückgegeben werden. Jeder Abgang fiel dem Trierarchen zur Last. Aber die Verpflichtung fiel weg, wenn das verlorene Schiff und die $\sigma\kappa\epsilon\acute{\upsilon}\eta$ im Sturm untergegangen waren. Die Behauptung des Trierarchen, dass dem so sei, hiess $\sigma\kappa\tilde{\eta}\psi\iota\varsigma$ ($\kappa\alpha\tau\grave{\alpha}\ \chi\epsilon\iota\mu\tilde{\omega}\nu\alpha\ \dot{\alpha}\pi o\lambda\omega\lambda\acute{\epsilon}\nu\alpha\iota,\ \delta\iota\alpha\varphi\vartheta\alpha\rho\tilde{\eta}\nu\alpha\iota$). Auf sie hin entstand ein Vorprocess, eine $\delta\iota\alpha\delta\iota\kappa\alpha\sigma\acute{\iota}\alpha$. Da unsere Kenntnis nur auf den kurzen Notizen der Seeurkunden beruht[1]), so vermögen wir über die processuale Gestaltung dieser eigenartigen Diadikasie nichts auszusagen.

2. Diadikasien ($\dot{\epsilon}\nu\epsilon\pi\iota\sigma\kappa\acute{\eta}\psi\epsilon\iota\varsigma$) bei Confiscationen.

Man kann zweifelhaft sein, ob diese Diadikasien Praeiudicien über die verpflichtende Tatsache oder über die Person des Berechtigten sind. Der Staat hat ein Vermögen confisciert, beansprucht es also als das Seinige. Ein Dritter behauptet, auf dasselbe oder Teile desselben nähere Rechte zu haben, sei es nun, weil ihm der Proscribierte obligiert war oder weil ihm gehörige Sachen in dessen Besitz waren. Aber schon die Verwandtschaft des Namens unserer Diadikasie mit dem der eben besprochenen wird uns veranlassen, sie hierher zu stellen. Sie ist dann folgendermassen aufzufassen: der Staat hat gewisse Sachen als zum Vermögen jemandes gehörig confisciert; ein

---

[1]) Sie beginnen bei Boeckh, Staatsh. III. S. 214 ff. Vgl. auch MSchL. S. 467 ff.

Dritter bestreitet die Tatsache, auf welche die Confiscation sich stützt, nämlich die Zugehörigkeit zu jenem Vermögen. Allenfalls könnte man hier auch ein Beispiel für die zweite Kategorie, Diadikasien über das Object, erblicken.

Die Definition dieser Diadikasien, welche sich aus dem Gesagten von selbst ergiebt, können wir mit den Worten der Grammatiker wiedergeben. Harpokration sagt v. ἐνεπίσκημμα: Ὁπότε δημευθείη τινὸς ἡ οὐσία, ἐξῆν προσελθεῖν τῷ φάσκοντι δανειστῇ γεγονέναι τούτου τοῦ ἀνδρὸς καὶ λέγειν ὅτι ἐνοφείλεται αὐτῷ χρέος ἐν τῇ οὐσίᾳ .. und im lex. rhet. p. 236, 16 lesen wir: Σημειωτέον δέ, ὅτι διαδικασία λέγεται καὶ ὅταν δημευθείσης οὐσίας δικάζηταί τις πρὸς τὸ δημόσιον, ὡς ὀφειλομένων αὐτῷ χρημάτων ἐν τῇ δημευθείσῃ οὐσίᾳ. Wenn Pollux in der sonst inhaltlich gleichen Definition hervorhebt, dass auch dingliche Ansprüche hier geltend gemacht werden konnten [(VIII, 61) nicht nur ὁπότε ... ἑαυτῷ τι ὀφείλεσθαι, sondern auch προσήκειν λέγοι], so besteht, wie Lipsius anmerkt[1]), kein Grund, daran zu zweifeln.

Die Hauptstellen für diese Diadikasie, die 17. Rede des Lysias, welche in einer solchen gehalten ist, und §§ 45 ff. p. 1197 und 1198 der pseudodemosthenischen Rede gegen Timotheos, bedürfen namentlich nach den Ausführungen von Lipsius[2]) keiner weiteren Erörterung.

3. Diadikasie in der Inschrift von Zeleia[3]).

Ich glaube keine Entschuldigung nötig zu haben, wenn ich diese Inschrift zur Erläuterung der attischen Diadikasie heranziehe, obwohl sie nicht von attischem Boden stammt, sondern aus einer troischen Stadt; sie datiert aus der Zeit Alexanders des Grossen.

Das Volk von Zeleia beschliesst, eine Commission von 9 Männern mit der Untersuchung zu beauftragen, wer in der vergangenen, wohl stürmischen Zeit öffentliche Ländereien in Besitz genommen hat. Dieselben sollen entweder herausgegeben werden, oder der Besitzer soll den Wert erstatten. Wenn er

---

1) MSchL. 473. A. 5.
2) MSchL. 305 ff. 473. A. 5, vgl. auch Platner II. 124 ff.
3) Mitt. d. deutsch. archaeol. Inst. in Athen VI, 1881. p. 229 = Dittenberger, Syll. Inscr. Graec. No. 113. S. 186.

nun aber behauptet, er habe sie gekauft oder sonstwie rechtsgiltig von der Stadt bekommen, so soll ihm eine Diadikasie gewährt sein; stellt sich bei dieser heraus, dass er sie nicht richtig erworben hat, so soll er den Wert anderthalbmal bezahlen (ἢν δέ τις ἀμφισβατῆι φὰς πρίασθαι ἢ λαβεῖν κυρίως παρὰ τῆς πόλεως, διαδικασίην αὐτῶι εἶναι, καὶ εἰὰν φανῆι μὴ ὀρθῶς ἐκτημένος, τὴν τιμὴν αὐτὸν ἐκτίνειν ἡμιολίην).

4. Diadikasie betr. Statusverhältnisse in der Inschrift der Demotioniden[1]).

Τάδε ἔδοξεν τοῖς φράτερσι ἐπὶ Φορμίωνος ἄρχοντος Ἀθηναίοις φρατριαρχοῦντος δὲ Παντακλέους ἐξ Οἴου·

Ἱεροκλῆς εἶπε· ὁπόσοι μήπω διεδικάσθησαν κατὰ τὸν νόμον τὸν Διμοτιωνιδῶν, διαδικάσαι περὶ αὐτῶν τοὺς φράτερας αὐτίκα μάλα ὑποσχομένοις πρὸς τοῦ Διὸς τοῦ Φρατρίου, φέροντας τὴν ψῆφον ἀπὸ τοῦ βωμοῦ·

ὃς δ' ἂν δόξῃ μὴ ὢν φράτηρ εἰσαχθῆναι, ἐξαλειψάτω τὸ ὄνομα αὐτοῦ ὁ ἱερεὺς καὶ ὁ φρατρίαρχος ἐκ τοῦ γραμματείου τοῦ ἐν Διμοτιωνιδῶν καὶ τοῦ ἀντιγράφου, ὁ δὲ εἰσαγαγὼν τὸν ἀποδικασθέντα ὀφειλέτω ἑκατὸν δραχμὰς ἱερὰς τῷ Διὶ τῷ Φρατρίῳ, εἰσπράττειν δὲ τὸ ἀργύριον τοῦτο τὸν ἱερέα καὶ τὸν φρατρίαρχον ἢ αὐτοὺς ὀφείλειν.

Beschluss der Phrateren, als Phormio Archont der Athener und Pantakles aus Oion Phratriarch war.

Antrag des Hierokles: Über alle diejenigen, welche der Untersuchung nach dem Gesetz der Demotioniden noch nicht unterworfen worden sind, sollen die Phrateren sogleich, beim Zeus Phratrios sich verpflichtend, entscheiden, indem sie die Stimmsteine vom Altar nehmen.

Wenn erkannt wird, dass jemand ohne Berechtigung als Phrater eingeführt ist, so sollen der Priester und der Phratriarch seinen Namen aus dem Grammateion im Demotionidenheiligtum und der Abschrift entfernen, derjenige aber, welcher den durch die Entscheidung Abgewiesenen eingeführt hat, soll 100 Drachmen in den Schatz des Zeus Phratrios zahlen; dies Geld sollen der Priester und der Phratriarch eintreiben oder sie sollen es selbst schulden.

---

[1]) C. I. A. II. (Addenda) No. 841ᵇ, herausgegeben (zum ersten Mal) von U. Koehler.

τὴν δὲ διαδικασίαν τὸ λοιπὸν εἶναι τῷ ὑστέρῳ ἔτει ἢ ᾧ ἂν τὸ κούρειον θύσῃ, τῇ κουρεώτιδι Ἀπατουρίων, φέρειν δὲ τὴν ψῆφον ἀπὸ τοῦ βωμοῦ.

30 ἐὰν δέ τις βούληται ἐφεῖναι εἰς Δημοτιωνίδας, ὧν ἂν ἀποψηφίσωνται, ἐξεῖναι αὐτῷ, ἑλέσθαι δὲ ἐπ' αὐτοῖς συνηγόρους τὸν Δεκελειῶν οἶκον πέντε ἄνδρας ὑπὲρ τριάκοντα ἔτη γεγονότας, τούτοις δὲ ἐξορκωσάτω ὁ φρατρίαρχος καὶ ὁ ἱερεὺς συνηγορήσειν τὰ δικαιότατα καὶ οὐκ ἐάσειν οὐδένα μὴ ὄντα φράτερα φρατρίζειν· ὅτου δ' ἂν τῶν ἐφέντων ἀποψηφίσωνται Δημοτιωνίδαι, ὀφειλέτω χιλίας δραχμὰς ἱερὰς τῷ Διῒ τῷ Φρατρίῳ, εἰσπραττέτω δὲ τὸ ἀργύριον τοῦτο ὁ ἱερεὺς τοῦ Δεκελείων οἴκου ἢ αὐτὸς ὀφειλέτω· ἐξεῖναι δὲ καὶ ἄλλῳ τῷ βουλομένῳ τῶν φρατέρων εἰσπράττειν τῷ κοινῷ.

ταῦ[τα] δ' εἶναι ἀπὸ Φορμίωνος ἄρχοντος.

ἐπιψηφίζειν δὲ τὸν φρατρίαρχον περὶ ὧν ἂν διαδικάζειν δέῃ κατὰ τὸν ἐνιαυτὸν ἕκαστον· ἐὰν δὲ μὴ ἐπιψηφίσῃ,

Die Entscheidung soll für die Zukunft im nächsten Jare erfolgen, nachdem jemand das Kureion geopfert hat, an der Kureotis der Apaturien, die Stimmsteine aber sollen die Phrateren vom Altar nehmen.

Wenn aber jemand von den bei dieser Entscheidung Abgewiesenen an die Demotioniden Berufung einlegen will, so soll es ihm gestattet sein; es soll dann das Geschlecht der Dekeleer gegen sie fünf Männer, über 30 Jare alt, als Anwälte wählen, und der Phratriarch und der Priester soll dieselben schwören lassen, dass sie nach dem besten Recht verteidigen und nicht zulassen wollen, dass jemand ohne Berechtigung in der Phratrie sei. Derjenige von den Appellierenden, welchen die Demotioniden abweisen, soll schuldig sein, 1000 Drachmen in den Schatz des Zeus Phratrios zu zahlen; dies Geld soll der Priester des Geschlechts der Dekeleer eintreiben oder selbst schulden. Es soll auch jeder andere von den Phrateren, der will, es für die gemeinsame Kasse eintreiben dürfen.

Dies also soll gelten vom Archontat des Phormio an.

Der Phratriarch soll in jedem Jar über diejenigen abstimmen lassen, bezüglich deren eine Untersuchung nötig ist. Tut er

ὀφειλέτω πεντακοσίας δραχμὰς ἱερὰς τῷ Διῒ [τ]ῷ Φρατρίῳ[ι, εἰ]σπράττειν δὲ τὸν ἱερέα [κ]αὶ ἄλλο[ν τὸν βου]λόμενον τὸ ἀργύριον [τοῦ]τ[ο τῷ κοινῷ].

τὸ δὲ λοιπὸν ἄγειν τὰ [μεῖα καὶ τὰ κούρει]α ἐς Δεκέλειαν ἐπὶ τ[ὸν βωμόν, ἐὰν δὲ μὴ θ]ύσῃ ἐπὶ τοῦ βωμοῦ, ὀφ[ειλέτω πεντήκοντ]α δραχμὰς ἱερὰς τῶ[ι Διῒ τῷ Φρατρίῳ, εἰσ]πραττέτω δὲ ὁ ἱερ[εὺς τὸ ἀργύριον τοῦτο ἢ] αὐτὸς ὀφει[λέτω]
κτλ.

dies nicht, so soll er schuldig sein, 500 Drachmen in den Schatz des Zeus Phratrios zu zahlen; dies Geld soll der Priester oder ein anderer der Phrateren, der will, für die gemeinsame Kasse eintreiben.

Für die Zukunft soll man die Meia und Kureia nach Dekeleia zum Altar bringen; wenn einer nicht auf dem Altar opfert, so soll er 500 (?) Drachmen in den Schatz des Zeus Phratrios zahlen; dieses Geld aber soll der Priester eintreiben oder selbst schulden ...

u. s. w.

Die bürgerliche Rechtsstellung beruht in Athen auf der Zugehörigkeit zu einem der altsacralen Geschlechtsverbände der Phratrien. Dadurch gewinnen die Einrichtungen, durch welche diese Geschlechtsgenossenschaften das Eindringen jedes unberechtigten Fremden zu verhindern streben, ein hohes rechtliches Interesse.

Die attischen Phratrien feierten järlich im Monat Pyanepsion ein grosses dreitägiges Fest. Am dritten Tag desselben fand die Aufnahme neuer Mitglieder, namentlich der im letzten Jar geborenen oder adoptierten Kinder, statt. Für jedes derselben wird ein Opfer, welches als κούρειον, μεῖον bezeichnet wird, dargebracht; davon erhält der Tag den Namen κουρεῶτις. Bezweifelte nun einer der Phrateren die Legitimität eines einzuführenden Kindes, die Rechtmässigkeit einer Adoption, so konnte er das Opfertier vom Altar wegführen und damit die Aufnahme einstweilen inhibieren; dass er sich dadurch der Gefahr einer Klage von Seiten des Abgewiesenen aussetzte, finden wir angedeutet, ohne dass wir über deren Wesen etwas erraten könnten [1]). Erhob sich kein Widerspruch, so hatte der

---

1) Zu vergl.: Isaios Philokt. § 22: ἐπειδὴ δὲ οὐδ' ὁ υἱὸς αὐτῷ Φιλοκτήμων συνεχώρει οὐδ' οἱ φράτερες εἰσεδέξαντο, ἀλλ' ἀπηνέχθη τὸ κούρειον.... Dem. g. Makart. XLIII p. 1078 § 82: ... οὐκ ἐθελήσας ἅψασθαι τοῦ ἱερείου

Einführende die Legitimität des Kindes zu beschwören¹). Das Opfer wurde dargebracht und, während dasselbe brannte, so schildert uns Demosthenes den Vorgang, stimmten die Phrateren, wie es scheint nach Ablegung eines Eides²), über die Zulassung ab.

In der Inschrift der Phratrie der Demotioniden finden wir dasselbe Verfahren, aber mit einigen Abweichungen, wieder. Dieselben dürfen uns nicht Wunder nehmen. Denn während der attische Staat den Phratrien allmählich ihre politische Bedeutung genommen hatte, waren dieselben auf der anderen Seite bezüglich der Regelung ihrer inneren Angelegenheiten vollkommen autonom geblieben, und die Redner versäumen es deshalb auch nicht, auf die νόμοι der einzelnen Phratrien Bezug zu nehmen; auch unsere Inschrift erwähnt im Eingang einen νόμος der Demotioniden.

Der Unterschied von dem angegebenen Verfahren, wie wir es aus der Rede des Demosthenes gegen Makartatos kennen, beruht hauptsächlich darin, dass in der Phratrie der Demotioniden das Opfer des κούρειον von der Abstimmung der Phrateren über die Zulassung zeitlich getrennt ist. In dem nächsten Jar, so besagt die Inschrift, nachdem dieses Opfer stattgefunden hat, soll die Prüfung stattfinden. Deutlich geht daraus hervor, dass hier von dem Fall eines Einspruchs, eines ἀπάγειν des Opfertiers, nicht die Rede ist; das Opfer ist ohne Hinderung dargebracht; das folgende Verfahren kann sich also nicht gegen einen Widersprechenden richten; es kann nur eine in jedem

---

οὐδ' ἀπαγαγεῖν ἀπὸ τοῦ βωμοῦ ὑπεύθυνον αὐτὸν ποιήσας; eod. p. 1054 § 14
.. ὁρῶντες αὐτὸν μὲν τοῦτον οὐκ ἐθέλοντα κινδυνεύειν οὐδ' ἀπάγοντα τὸ ἱερεῖον ἀπὸ τοῦ βωμοῦ, εἰ μὴ προσηκόντως εἰσήγετο ὁ παῖς οὑτοσί ...

1) Is. Kir. 19: ὅ τε πατὴρ ἡμῶν, ἐπειδὴ ἐγενόμεθα, εἰς τοὺς φράτερας ἡμᾶς εἰσήγαγεν, ὀμόσας κατὰ τοὺς νόμους τοὺς κειμένους ἦ μὴν ἐξ ἀστῆς καὶ ἐγγυητῆς γυναικὸς εἰσάγειν ... Dem. g. Eubulides LVII. p. 1315. § 54: ἀλλὰ μὴν ὁ πατὴρ αὐτὸς ζῶν ὀμόσας τὸν νόμιμον τοῖς φράτερσιν ὅρκον, εἰσήγαγεν ἐμὲ ἀστὸν ἐξ ἀστῆς ἐγγυητῆς αὐτῷ γεγενημένον εἰδώς ...

2) Dem. g. Makart. XLIII. p. 1054. § 14 (das Vorhergehende S. 22 Note 1):
... αὐτοὺς δ' ἀξιοῦντα ἐπιορκεῖν, λαβόντες τὴν ψῆφον καομένων τῶν ἱερείων, ἀπὸ τοῦ βωμοῦ φέροντες τοῦ Διὸς τοῦ Φρατρίου, παρόντος τουτονὶ Μακαρτάτου, ἐψηφίσαντο τὰ δίκαια .. ὀρθῶς καὶ προσηκόντως τὸν παῖδα τουτονὶ εἰσάγεσθαι . . . . .

Fall notwendige Beschlussfassung sein, gerade wie in der angeführten Stelle des Demosthenes.

Ob der Tag der Kureotis nach der Trennung der beiden Acte für das Opfer oder für die Prüfungsabstimmung reserviert blieb, wird verschieden zu beantworten sein, jenachdem man mit Koehler in Z. 28 nach dem Wort θύσῃ ein Komma setzt oder nicht; Gründe für das Eine oder das Andere anzuführen, kann den Sachverständigen, d. h. den Philologen, überlassen bleiben.

Die Abstimmung über die Zulassung scheint eine vorherige Beratung zunächst nicht zur Folge zu haben; sie hat αὐτίκα μάλα zu erfolgen, nachdem sich die Phrateren nur vorher dem Gott verpflichtet haben (ἐπωσχόμενοι πρὸς τοῦ Διὸς τοῦ Φρατρίου), offenbar: nach dem Recht zu stimmen. Fällt die Abstimmung, die einer Ballotage nicht unähnlich gewesen sein mag, gegen den Einzuführenden aus, so wird dem Genossen, welcher jenen ohne Berechtigung einzuführen bemüht war, eine Strafe von 100 Drachmen auferlegt. Aber derselbe braucht sich den Spruch nicht ohne Weiteres gefallen zu lassen; er kann eine gründliche Untersuchung der Sache fordern: diese finden wir in Z. 30 ff. geschildert. Legt der durch die erste Abstimmung Abgewiesene Berufung ein (ἔφεσις), tritt er m. a. W. als Kläger auf, so sollen die Dekeleer, wie es scheint, ein bevorrechtetes Geschlecht der Phratrie, fünf Anwälte, Verteidiger wählen. Ihre Aufgabe wird deutlich durch den Eid bezeichnet, welchen sie zu schwören haben. Neben der allgemeinen Pflicht, nach dem besten Recht zu sprechen, wird ihnen die specielle auferlegt, nicht zu leiden, dass ein Unberechtigter der Phratrie angehöre. Damit sind sie als die Gegenpartei des Appellanten bezeichnet, welche bei der Verhandlung das Interesse der Phratrie auf Reinhaltung ihres Bestandes wahrnehmen soll. Wo zum Urteil über eine Streitfrage die Verhandlung pro et contra, also durch Parteien vom Parteistandpunkt aus, angeordnet wird, da gewinnt das Verfahren einen iudiciellen Character. Darum glaube ich nicht zu irren, wenn ich hier einen förmlichen Process über den Status eines Menschen uns entgegentreten sehe. Freilich muss man dabei die Anschauung, als ob Processe immer nur vor sogenannten „ordentlichen" Gerichten vorkommen könnten, aufgeben.

Zur Bezeichnung der Entscheidungen in beiden Verfahren,

sowohl dem ersten anscheinend nicht iudiciellen, als dem zweiten iudiciellen, werden nun promiscue die Composita von $δικάζειν$ und $ψηφίζειν$ gebraucht. Wenn dabei sich nicht, entsprechend dem uns interessierenden $διαδικάζειν$, auch $διαψηφίζειν$ findet, so ist das Zufall; bei Isaios Apoll. § 16 kommt $διαψηφίζειν$ in unserem Zusammenhang vor. Wir haben also die Tatsache vor uns, dass ein Urteils- und ein Beschlussverfahren gleichmässig mit Worten benannt werden, von denen die einen „urteilen", die anderen „beschliessen" bedeuten. Will man nun nicht die Schwierigkeit damit beseitigen, dass man den nichtiudiciellen Character des ersten, den iudiciellen des zweiten Verfahrens leugnet, so bieten sich nur zwei Erklärungen. Entweder [1]) man nimmt an, dass $δικάζειν$ nicht technisch, sondern übertragen für $ψηφίζειν$ gebraucht sei — ein Vorgang, der natürlich selbst wieder der Erklärung bedarf. Das Wort $ψηφίζειν$ selbst aber kann hier in der ursprünglichen Bedeutung „abstimmen" stehen; in dieser eignet es sich sowohl zur Bezeichnung eines iudiciellen, wie nichtiudiciellen Entscheides; auch das Urteil ward ja durch die $ψῆφος$ abgegeben. Bei dieser Auffassung liegt es nahe, das Wort $διαδικάζειν$, welches seinem Sinn nach nichts mit dem technischen Wort der attischen Rechtssprache gemein haben soll, auch sprachlich anders zu erklären, nämlich es analog dem $διαψηφίζεσθαι$, „der Reihe nach durchstimmen", mit „der Reihe nach entscheiden" zu übersetzen. Hiernach böte die Demotionideninschrift keine Veranlassung zur Erwähnung im Zusammenhang unserer Untersuchung.

Die zweite Erklärung ist folgende: die Worte $δικάζειν$ und $διαδικάζειν$ sind bezüglich des Verfahrens nach der $ἔφεσις$ in ihrer gewöhnlichen, eigentlichen Bedeutung gebraucht; $ψηφίζεσθαι$ tritt, wie schon bemerkt, deshalb bisweilen an ihre Stelle, weil das $δικάζειν$ durch $ψῆφοι$ geschah. Nur für die erste Entscheidung, auf welche hin die Berufung erfolgt, sind $δικάζειν$ und $ἀποδικάζειν$ in übertragenem Sinn, wenn man will, abusiv angewandt. Auch diese Behauptung bedarf natürlich des erklärenden Beweises: in der Regel wird die erste Abstimmung eine reine Formalität gewesen sein; war ein ernstlicher

---

[1]) Das Folgende ist die Ansicht des Herrn Prof. W. Dittenberger in Halle, welche er mir auf Anfrage mitzuteilen die Güte hatte.

Widerstand gegen die Einführung vorhanden, so wäre es gewöhnlich zu der Abstimmung deshalb überhaupt gar nicht gekommen, weil der oder die Gegner das Opferticr weggeführt hätten. Schwerlich ist anzunehmen, dass die Phrateren, trotzdem das Opfer ohne Störung den Göttern dargebracht und nachdem der Einführende die Legitimität des Kindes eidlich versichert hatte, ausser in ganz besonderen Fällen geneigt gewesen wären, die Aufnahme zu verweigern. Diese seltenen Fälle aber waren es doch immerhin, welche der Ballotage ihre materielle Bedeutung gaben, nur ihretwegen war sie unentbehrlich; erst in einer ihr folgenden διαδικασία tritt das eigentliche Wesen der vorhergehenden Abstimmung zu Tage. Daher mag die Uebertragung des Wortes διαδικάζειν auch auf sie stammen.

Bis zur Auffindung weiterer Beweismittel wird es nicht möglich sein, über die Diadikasie in der Demotionidenurkunde ein abschliessendes Urteil abzugeben [1]).

An dieser Stelle muss kurz darauf hingewiesen werden, dass die controversiae libertatis in Athen **nicht** die Form der διαδικασία haben. Der Herr hat das Recht, sich in den Besitz seines Sklaven eigenmächtig zu setzen, wo er sich auch befinde; wird er daran verhindert, so erscheint dies dem Athener als ein Gewaltact, βία, vis. Deshalb wird dem Herrn eine einseitige „Vindication" mit poenalem Charakter gegen den assertor in libertatem gegeben; dieselbe, δίκη ἀφαιρέσεως oder ἐξαιρέσεως, geht wie alle Klagen aus βία, von denen wir die wichtigste später kennen lernen werden, auf das Doppelte. Übrigens kennt auch das attische Recht die vindiciae secundum libertatem [2]).

Allzuweiten Verallgemeinerungen, welche einer Vergleichung des attischen und römischen Freiheitsprocesses folgen könnten, kann die Bemerkung begegnen, dass im Gesetz von Gortyn [3])

---

1) Die hier erörterte Frage kann auch bezüglich der oben S. 18 angeführten διαδικασίαι κατὰ χειμῶνα aufgeworfen werden. Dass dieselben in iudicio stattfanden, wird ausdrücklich erwähnt.

2) Da die interessante Materie hier, wo sie nur negativ Wichtigkeit hat, nicht weiter behandelt werden kann, sei auf MSchL. S. 658 ff. verwiesen.

3) Die eminent wichtige Inschrift, gefunden von Fabricius, wird jetzt am besten in „Das Recht v. Gortyn, hersg. u. erl. v. Fr. Bücheler u. E. Zitelmann, Rhein. Mus. f. Phil. N. F. XL. Ergänzungsheft" zu vergleichen sein.

die controversia libertatis doppelseitigen Charakter hat und damit der διαδικασία nahe steht ¹).

IV. Praeiudicien über die Person des Berechtigten.

1. **Diadikasie der Denuncianten in der Rede des Andokides** περὶ μυστηρίων §§ 27 u. 28.

Wir haben dieselbe schon oben (S. 17) erwähnt. Mehrere Angeber des Mysterienfrevels streiten in der Volksversammlung (ἀμφισβητεῖν) um die ausgesetzte Belohnung. Das Volk kann oder will nicht selbst entscheiden und verweist die Sache an das Gericht der Thesmotheten, d. h. wo diese Instruction und Praesidium führen; dort sollen die Anzeigen, die ein jeder erstattet hat, vorgetragen und darauf zwischen den Bewerbern entschieden werden (διαδικάσαι). Interessant für das Wesen der Diadikasie ist es, dass das Gericht diesen Auftrag erfüllt, indem es die Belohnung unter zwei Denuncianten verteilt, dem einen 10 000, dem anderen 1000 zuerkennend²).

2. **Diadikasie in der Rede des Demosthenes gegen Boiotos** περὶ ὀνόματος XXXIX. p. 997. 10 ff.

Das Tatsächliche ist bereits oben (S. 14) genügend angegeben. Ebenso wie die Gleichnamigkeit zu einer Diadikasie darüber Veranlassung geben kann, wer in einem gegebenen Fall gemeint sei, wenn der gemeinsame Name mit einer Verpflichtung

---

1) vgl. Zitelmann a. a. O. S. 86.
2) Die Diadikasien der Trierarchen, auf welche MSchL. S. 737 aus der Rede des Demosth. περὶ τοῦ στεφάνου τοῦ τριηραρχικοῦ geschlossen haben, dürften zu streichen sein. Gewiss hätte sich der Streit der Trierarchen, wer den Preis der Krone dadurch verdient habe, dass er zuerst sein Schiff in's Meer gezogen, für eine Diadikasie geeignet; aber die βουλή scheint kein Bedürfnis gefühlt zu haben, diese Frage einem Gericht zur Entscheidung zu überlassen, sondern sie hat sie selbst in einer δοκιμασία, wie uns die ὑπόθεσις ausdrücklich sagt, erledigt. Der Hauptunterschied der Verhandlung einerseits in einer Volksversammlung, der βουλή u. drgl., andererseits vor Gericht beruht doch darin, dass hier allein durch das Auftreten der Parteien die Möglichkeit eines vollständigen und klaren Beweises, insbesondere durch Zeugen, geboten ist. In unserem Fall waren die tatsächlichen Vorgänge wohl so notorisch, dass eine Klärung des Sachverhalts durch Beweisführung der Parteien durchaus überflüssig erschien.

verknüpft wird, so kann sie es auch, wenn es sich um eine Berechtigung handelt, also z. B. Mantitheos zu einem Amt erkoren ist [1]).

Auch der Streit selbst, in welchem die demosthenische Rede gehalten ist, darf ohne Bedenken als eine Diadikasie bezeichnet werden.

3. Diadikasien um sacrale Berechtigungen [2]).

Dieselben sind uns nur aus den Titeln verlorener griechischer Reden bekannt. So gab es eine Rede des Lykurg oder Philinos in einer Diadikasie zweier eleusinischer Geschlechter, der Krokoniden und Koironiden; eine Rede des Deinarch in einer Diadikasie derselben Geschlechter, also vielleicht die Gegenrede gegen die vorige; eine Rede des Deinarch in einer Diadikasie der Phalereer gegen die Phoinikier über ein Priestertum des Poseidon; auch eine Rede des Lykurg περὶ ἱερείας wird hierher bezogen; endlich wird eine „Diadikasie der Priesterin der Demeter mit dem Hierophanten" über ein Opfer erwähnt.

Zum Verständnis ist nur hinzuzufügen, dass die sacralen Ämter in Griechenland vielfach nicht nur erblich, sondern auch verkäuflich waren, ausserdem aber bedeutende Einkünfte brachten. Sie können deshalb fast ebenso wie andere Vermögensbestandteile gelten, und der Streit um sie musste dem Eigentumsstreit nahekommen.

4. Diadikasien um Erbschaften.

Diese praktisch wichtigste Art der Diadikasien, über welche uns ein ausgebreitetes Quellenmaterial, namentlich in den sämmt-

---

1) Kirchhoff, Ueber die Schrift vom Staate der Athener S. 23 hat auf Grund dieser Rede die Existenz von Diadikasien um ein Amt behauptet. Er hat dabei übersehen, dass es sich hier nicht um die Frage handelt, welcher von zwei Leuten nach dem Recht zu einem Amt berufen werden soll, sondern wer von zwei Gleichnamigen bei irgend einer rechtlich relevanten Verfügung gemeint sei; dieselbe könnte ebensowohl eine Schenkung sein, welche dem Träger des Namens Mantitheos gemacht wird, oder eine Erbeinsetzung des Mantitheos. Weitere Beispiele bietet die Rede selbst. Mit der confusen Stelle des Lex. rhet. Cantabr. p. 335 Nauck, die vielleicht auf demselben Irrtum beruht, ist nichts zu machen.

2) MSchL S. 473 A. 6.

lich erbrechtlichen Reden des Isaios, vorliegt, bedarf an diesem Orte nur einer kurzen Erörterung [1]).

Sind keine leiblichen oder Adoptiv-Kinder, welche letztere als solche durch Einführung in die Phratrie anerkannt sind, vorhanden [2]), so müssen alle Ansprüche auf die Erbschaft, mögen sie auf Grund eines Testaments ($\delta\iota\alpha\vartheta\acute{\eta}\varkappa\eta$) oder ab intestato ($\varkappa\alpha\tau\grave{\alpha}\ \gamma\acute{\epsilon}\nu o\varsigma$) erhoben werden, beim Archon angemeldet werden. Dieselben wurden wie die Klagschriften in albo ($\sigma\alpha\nu\acute{\iota}\varsigma$) des Magistrats ausgehängt, ausserdem auch in der nächsten Volksversammlung publiciert. An einem festgesetzten Tage forderte dann der Herold öffentlich die Bewerber auf, Ansprüche auf die Erbschaft geltend zu machen. Hatte sich nun nur ein Erbschaftspraetendent gemeldet, so sprach ihm der Archon vor dem Gerichtshof die Erbschaft zu ($\dot{\epsilon}\pi\epsilon\delta\acute{\iota}\varkappa\alpha\sigma\epsilon\nu\ \dot{o}\ \ddot{\alpha}\varrho\chi\omega\nu\ \tau\grave{o}\nu\ \varkappa\lambda\tilde{\eta}\varrho o\nu$) und dieser durfte sich nun in Besitz setzen; waren dagegen mehrere gegen einander aufgetreten, so musste in einer $\delta\iota\alpha\delta\iota\varkappa\alpha\sigma\acute{\iota}\alpha\ \tau o\tilde{v}\ \varkappa\lambda\acute{\eta}\varrho o\upsilon$, wer besser berechtigt sei, entschieden werden, ehe jemand den Zuspruch des Archon erlangen und von der Erbschaft Besitz ergreifen konnte. Mochte nun aber auf Grund einer Diadikasie oder ohne eine solche die Erbschaft zuerkannt sein, niemals waren dadurch weitere Ansprüche ausgeschlossen. Vielmehr kann ein später auftretender Praetendent den auf Grund der archontischen „bonorum possessio" [3]) Besitzenden in einer neuen Diadikasie angreifen, nur dass er in diesem Fall eventuell eine Succumbenzbusse von $1/10$ der Erbschaft zu zahlen hat. Nur wenn nach dem Tode des Erben (wohl gemerkt: nicht des Erblassers, sondern des Erben, welcher sich endgiltig in dem Besitz der Erbschaft behauptet hat) fünf Jare verstrichen sind, soll um die Erbschaft als solche nicht mehr gestritten werden können (Isaios Pyrrh. § 58: $\dot{o}\ \delta\grave{\epsilon}\ \nu\acute{o}\mu o\varsigma\ \pi\acute{\epsilon}\nu\tau\epsilon\ \dot{\epsilon}\tau\tilde{\omega}\nu\ \varkappa\epsilon\lambda\epsilon\acute{v}\epsilon\iota\ \delta\iota\varkappa\acute{\alpha}\sigma\alpha\sigma\vartheta\alpha\iota\ \tau o\tilde{v}\ \varkappa\lambda\acute{\eta}\varrho o\upsilon$, $\dot{\epsilon}\pi\epsilon\iota\delta\grave{\alpha}\nu\ \tau\epsilon\lambda\epsilon\upsilon\tau\acute{\eta}\sigma\eta\ \dot{o}\ \varkappa\lambda\eta\varrho o\nu\acute{o}\mu o\varsigma$). So haben wir denn z. B. in den Reden des Isaios über die Erbschaft des Pyrrhos und des Menekles Erbschaftsstreitigkeiten vor uns, die ausgefochten werden, nachdem der Erbe zwanzig resp. dreiundzwanzig Jare

---

1) Man findet eine ausführliche Darstellung mit Angabe der Literatur bei MSchL. S. 569 ff.; speciell zu vergl. S. 603 ff.
2) Dieser Fall wird unten berührt werden.
3) Vgl. B. W. Leist, Graeco-ital. Rechtsgesch. S. 87 ff.

im Besitz gewesen ist. Dagegen die usucapio pro herede gehalten, und man erkennt, dass trotz aller Stamm und Lehnverwandtschaft zwischen attischem und römischem Recht doch auch gewaltige Klüfte existieren, die bei der Vergleichung stets zur Vorsicht mahnen müssen.

5. Diadikasien $\pi\varepsilon\varrho\grave{\iota}$ οἰκίας, χωρίου, ἀνδραπόδου, νεώς, ἵππου u. ä.

Heffter[1]) und Platner[2]) wissen von diesen Diadikasien noch nichts; und das ist nicht zu verwundern. Denn unsere Kenntnis von denselben beruht nur auf den Titeln einer Anzahl von Reden[3]). Diese selbst sind uns durch eine seltene Ungunst des Schicksals sämmtlich verloren gegangen. Es ist das Verdienst Meiers und Schömanns, hier zuerst die Spuren des attischen Eigentumsprocesses erkannt zu haben[4]).

---

1) Heffter, athen. Gerichtsverf. 1822. S. 272 ff.
2) Platner, II. S. 17 ff.
3) MSchL. S. 674.
4) MSchL. S. 673. — Zum Schluss mögen hier einige nicht auf das attische Processwesen bezügliche, aber für den Begriff der διαδικασία interessante Anwendungsfälle dieses Wortes ihren Platz finden. Die pseudodemosthenische Rede περὶ Ἁλοννήσου behandelt einen Streit der Athener und Philipps von Makedonien um die Insel Halonnesos; letzterer hat vorgeschlagen, die Frage, ob sie den Athenern oder Philipp resp. den von ihm mit ihr Beschenkten gehört, durch Schiedsrichter entscheiden zu lassen: διαδικάζεσθαι. — In dem Roman des Charito [F. 8. 5. Scriptores Erotici ed. Hercher I.] kommt eine (gerichtlich gedachte) Diadikasie vor, welchem von zwei Leuten, die in Folge sehr wunderbarer Fata beide mit einer Frau sich verheiratet haben, ein grösseres Recht auf sie zusteht. — Ironisch sagt Aischines g. Ktes. p. 536. 146. Demosthenes habe erklärt, eine διαδικασία der Rednerbühne gegen die Strategenkurie anstrengen zu wollen darüber, ob nicht die Rednerbühne dem Volk mehr genützt habe als die Strategenkurie.

Kapitel III.
Das Wesen der Diadikasie und der Eigentumsbegriff.

Hatte unser erstes Kapitel die Aufgabe, zu zeigen, dass den nicht-obligatorischen Streitverhältnissen die δίκαι fehlen, das zweite, dass diesen Processen, welche im römischen Recht als in rem actiones erscheinen würden, die Form der διαδικασία eigentümlich ist, so gilt es nun im dritten, zu erforschen, welchen Einfluss diese Form auf ihren Inhalt ausübt. Wir haben schon die Behauptung vorweggenommen, dass die Diadikasie im Gegensatz zur δίκη einen praeiudiciellen, doppelseitigen Charakter hat. Wie weit die angeführten Anwendungsfälle der Diadikasie selbst schon für denselben Zeugnis abgelegt haben, bleibt natürlich dem Urteil des Lesers überlassen. Das Folgende wird ihn im Ganzen nur in Bezug auf das Eigentum beleuchten.

I. In der Diadikasie giebt es weder einen Kläger noch einen Beklagten.

Zwei Leute kommen Recht suchend vor den Magistrat, beide mit der Behauptung: mir gehört die Sache, ich habe ja mein gutes Geld für sie ausgegeben. Während nun die κρίσις dem Richter übergeben wird, soll das Streitobject bei einem Dritten bleiben, oder es wird deponiert oder sequestriert. Hier wird man gern zugeben, dass ein Kläger und ein Beklagter ebenso wenig zu unterscheiden seien, wie bei den Teilungsklagen und dem interdictum uti possidetis, und man wird nur erklären, dass bei uns Dank den possessorischen Interdicten

ein solches Verhältnis für den Eigentumsstreit unmöglich sei[1]). Wenn dagegen der Streit zwar ganz derselbe ist, der Eine der Streitenden aber Besitzer, so ändert sich die Sachlage mit einem Schlage. Der Nicht-Besitzer wird beweisender Kläger, der Besitzer beweisfreier Beklagter. Warum? Es entspricht dies „dem natürlichen Princip, dass der Schein nur der Wahrheit, die Tatsache nur dem Rechte zu weichen habe". Dann kann man den Athenern den Vorwurf nicht ersparen, dass sie nicht natürlich genug gewesen sind; denn bei ihnen findet sich von dieser Zauberkraft des Besitzes nichts.

Nicht als ob der Besitz eines der Streitenden ganz ohne Einfluss auf den Process gewesen wäre. Der Besitzer hat in der Regel kein Interesse daran, um seine Sache zu kämpfen; er kann ja vor Gericht nichts gewinnen, Alles verlieren. Während er deshalb bei der Processbetreibung eine passive Rolle spielt, liegt seinem Gegner Alles daran, den Process möglichst schnell durchzuführen, um durch ihn in den Besitz der Sache zu gelangen. Er muss vor Allem wünschen, den Besitzer zur Beschreitung des Rechtswegs zu veranlassen, und es ist die Vorbedingung eines geregelten Gerichtswesens, dass dieses Begehren mit zwingender Kraft ausgestattet ist. So gewährt denn auch das attische Recht dem Nichtbesitzer die vor zwei Formalitätszeugen ($\kappa\lambda\eta\tau\tilde{\eta}\varrho\varepsilon\varsigma$) vorzunehmende, durch die Folgen der contumacia wirksame $\pi\varrho\acute{o}\sigma\kappa\lambda\eta\sigma\iota\varsigma$, die in ius vocatio der Athener. Weiter kann aber auch die Frage des Besitzes für die Ordnung der Processkosten wichtig sein. Während in der Diadikasie um eine Erbschaft, welche noch nicht vom Archon zugesprochen ist, die also noch Niemand rechtmässig in Besitz haben kann, nur die von beiden Seiten gleichmässig zu erlegenden allgemeinen Processsporteln, die Prytanien, in Betracht kommen, hat derjenige, welcher einem auf Grund der $\dot{\varepsilon}\pi\iota\delta\iota\varkappa\alpha\sigma\acute{\iota}\alpha$ Besitzenden die Erbschaft streitig macht, wie schon oben erwähnt, eine Succumbenzbusse zu zahlen. Dieselbe hat auch Platz bei Diadikasien gegen den Fiscus als Besitzer eines confiscierten Vermögens.

Es wäre an sich nicht zu verwerfen, wenn man für den in ius vocans eine deutsche Bezeichnung in dem Wort „Kläger",

---

[1]) Vgl. fr. 9 § 3 de dolo malo 4, 3. Hier auch „diiudicare" = „διαδικάζειν".

für den in ius vocatus in „Beklagter" wählt. Aber dann muss man den Satz „affirmanti incumbit probatio" völlig aus dem Gedächtnis verbannen. Denn es ist eine reine Petitio principii, dass jener äussere Unterschied auch eine verschiedene Stellung der Parteien hinsichtlich des Beweises zur Folge haben müsse. Ein Blick in die Reden des Isaios wird Jedem zeigen, dass die Diadikasie, in welcher einem bonorum possessor die Erbschaft streitig gemacht wird, sich, was den Beweis anlangt, in Nichts von einer Diadikasie unterscheidet, welche auf die Aufforderung, Ansprüche geltend zu machen, entsteht. Hier wie dort behauptet jede Partei, dass sie wegen näherer Verwandtschaft mit dem Erblasser oder auf Grund eines Intestatanspruchen vorgehenden Testaments mehr Recht auf die Erbschaft habe, und doch müsste bei gleichen Behauptungen die Beweislast eine ungleiche sein?[1]).

Wie tief der Glaube an die Notwendigkeit der Verbindung jener äusseren Verschiedenheit der Stellung zweier Eigentumspraetendenten mit der Verschiedenheit der Beweislast eingewurzelt ist, zeigt sehr deutlich Hofmann in einem Aufsatz über den lokrischen Eigentumsprocess [2]) anlässlich einer Anecdote, die uns Polybius XII. c. 16 erzählt. Die Geschichte ist folgende [3]): In Lokroi Epizephyrioi stritten einst zwei junge Männer um das Eigentum eines Sklaven. A hatte ihn längere Zeit im Besitz gehabt, bis ihn B in Abwesenheit des A gewaltsam entführte. A erfährt dies, geht ins Haus des B, führt den Sklaven vor Gericht und erklärt daselbst: ihm gebühre der Besitz, er habe im Eigentumsprocess die Bürgen zu stellen; denn ein Gesetz des Zaleukos verordne, dass derjenige bis zur Entscheidung des Rechtsstreites im Besitz zu verbleiben habe, aus dessen Besitz hinweg das Streitobject vor Gericht gebracht wurde (.. δεῖν κύριον αὐτὸν εἶναι, καὶ διδόναι τοὺς ἐγγυητάς·

---

1) Eck, die sog. doppelseitigen Klagen etc. 1870. S. 11: „Nur der einseitige Hinblick auf den classischen Process und die in demselben vorkommende Regelung des Possessoriums hat es dahin gebracht, dass man die gleiche Bedeutung der Vindicienerteilung, statt sie erst nachzuweisen, vielmehr von jeher als etwas Selbstverständliches voraussetzte."

2) Hofmann, Beitr. zur Geschichte des griech. u. röm. Rechts. Wien 1870. S. 118 ff. — Ganz ähnlich auch Caillemer, le contrat de vente. Revue de législ. anc. etc. 1870.

3) Ich benutze möglichst Hofmanns Darstellung.

κελεύειν γὰρ τὸν Ζαλεύκου νόμον τοῦτον δεῖν κρατεῖν τῶν ἀμφισ-βητουμένων μέχρι τῆς κρίσεως, παρ' οὗ τὴν ἀγωγὴν συμβαίνει γίγνεσθαι). Auf dasselbe Gesetz berief sich der Andere: eben darum gebühre ihm der provisorische Besitz der res litigiosa; denn aus seinem Hause sei die Wegführung (ἀγωγή) erfolgt. Die unschlüssigen Richter wandten sich an den Kosmopolis[1]), welcher das Gesetz dahin interpretirte, dass nicht die zufällige Tatsache der letzten Innehabung entscheiden könne; Zaleukos habe an den letzten rechtmässigen Besitz gedacht; ein vitioser Besitz soll nicht κύριος sein, nicht rechtlich anerkannt werden. (.. τὸν [der Kosmopolis nämlich] δὲ διαστείλασθαι τὸν νόμον, φήσαντα, παρὰ τούτων τὴν ἀγωγὴν γίγνεσθαι παρ' οἷς ἂν ἔσχατον ἀδήριτον ᾖ χρόνον τινὰ γεγονὸς τὸ ἀμφισβητούμενον· ἐὰν δέ τις ἀφελόμενος βίᾳ παρά τινος ἀπαγάγῃ πρὸς ἑαυτόν, κἄπειτα περὶ τοῦτον τὴν ἀγωγήν, ὁ προϋπάρχων ποιῆται δεσπότης, οὐκ εἶναι ταύτην κυρίαν). Es könne also B die Tatsache des letzten Besitzes für sich nicht anführen, da er sich ja mit Gewalt den Besitz verschafft habe, ein solcher Besitz aber gelte nicht, sei in jenem Gesetz nicht gemeint. Da B dies für eine Verdrehung des gesetzlichen Wortlautes erklärt, so macht der Kosmopolis ihm den Vorschlag: jeder von ihnen solle, einen Strick um den Hals, vor einer Versammlung von tausend Männern seine Interpretation verteidigen, und der Unterliegende soll dann durch Zuziehung der Schlinge getödtet werden, worauf der junge Mann erwidert: das wäre ein unbilliger Handel, bei welchem er viel mehr zu verlieren hätte, als der greise Kosmopolis! Das Gericht entscheidet nach der Meinung des Kosmopolis[2]). — Es handelt sich, wie man sieht, darum, wer bis zur Entscheidung des Streites den Sklaven besitzen soll (δεῖ κρατεῖν τῶν ἀμφισβητουμένων μέχρι τῆς κρίσεως). Gewiss ist der Streit um den Besitz in der Zwischenzeit durch den Nutzen, den der Sklave seinem Herrn in derselben bringen kann, vollkommen motivirt. Hofmann dagegen urteilt über den Inhalt unserer Stelle folgendermassen: „Wir haben also hier ein wah-

---

1) Ein hoher Magistrat bei den Lokrern.
2) Was den Wert der sicher interessanten Stelle anlangt, so ist daran zu erinnern, dass Polybius vom Jahr 167 bis 150 in Rom gelebt hat, und dass man im Altertum den berühmten Gesetzgebern ebensoviel in die Schuhe zu schieben pflegte, wie im Mittelalter etwa Karl dem Grossen.

res praeparatorisches Verfahren vor uns mit der Entscheidung in possessorio zur Feststellung der Parteirollen im Eigentumsstreite". Dass der Streit um den Besitz in der Zwischenzeit den Streit um die Beklagtenrolle einschliesst, wird eben einfach als selbstverständlich angenommen.

Nun sind wir aber nicht darauf beschränkt, auf das Fehlen des commodum possessoris aus dem Mangel aller und jeder diesbezüglichen Nachricht zu schliessen, sondern wir können auch positive Argumente anführen.

Man kennt aus dem römischen Recht das Institut der auctoris laudatio; ich meine nicht die Benennung des juristischen Besitzers durch den Detentor, welche bekanntlich durch eine Verordnung Kaiser Constantins [1]) neu geordnet ist, sondern die von Alters her übliche Heranziehung des auctor seitens des juristischen Besitzers. Der auctor — Hauptbeispiel: der Verkäufer — hat dem Besitzer für den unangefochtenen Besitz der Sache zu haften. Wird dem Letzteren von einem besser Berechtigten die Sache entzogen, evinciert, so steht ihm Regress gegen den auctor zu, bei der römischen Mancipation auf den doppelten Wert der Sache. Aber diese Verpflichtung entsteht nur, wenn dem auctor erwiesen ist, dass gegen die Eviction Nichts zu machen war, dass allein die Fehlerhaftigkeit des von ihm überlieferten Rechts die Schuld an der Entziehung trägt. Es muss ihm die Behauptung abgeschnitten sein, dass die Eviction nicht geschehen wäre, wenn er selbst dem Evincenten entgegengetreten wäre. Deshalb wird der Besitzer, wenn er nicht seiner Sache sehr sicher ist, seinen auctor zu Hilfe herbeirufen, um sich die Regressklage, sog. actio auctoritatis, zu sichern.

Ganz ebenso liegt die Sache im attischen Recht: hier entspricht der $\beta\varepsilon\beta\alpha\iota\omega\tau\acute{\eta}\varrho$ (von $\beta\varepsilon\beta\alpha\iota o\tilde{\iota}\nu$, verstärken) dem auctor (von augere!), die $\beta\varepsilon\beta\alpha\acute{\iota}\omega\sigma\iota\varsigma$ der auctoritas, die $\delta\acute{\iota}x\eta\ \beta\varepsilon\beta\alpha\iota\acute{\omicron}\sigma\varepsilon\omega\varsigma$ der actio auctoritatis. Das Recurrieren auf den auctor heisst $\mathring{\alpha}\nu\acute{\alpha}\gamma\varepsilon\iota\nu$. Glaubt der Besitzer, allein seinen Gegner bestehen zu können, so steht es ihm, wie im römischen Recht, völlig frei, auch allein, ohne Hilfe, zu streiten, $\alpha\mathring{v}\tau o\mu\alpha\chi\varepsilon\tilde{\iota}\nu$. Das beneficium — durch Recurs sich die Regressklage zu sichern — non obtruditur.

---

1) C. 2 ubi in rem actio exerc. deb. 3, 19.

Beiläufig sei bemerkt, dass auch das Duplum im Evictionsprocess sich auf griechischem Boden findet. Im Gesetzbuch von Gortyn[1]) lesen wir[2]) das Verbot jeglicher Veräusserung der Güter einer Ehefrau, einer Wittwe, einer Erbtochter seitens ihrer $κύριοι$ (Ehemann, Sohn, Verwandte). „Wenn aber jemand dergleichen kauft oder sich verpfänden oder zusichern[3]) lässt, so soll es doch bei der Mutter, der Frau, der Erbtochter bleiben und der, welcher verkaufte oder verpfändete oder zusicherte, soll demjenigen, welcher sich verkaufen oder verpfänden oder zusichern liess, das Doppelte ersetzen und, wenn er sonst einen Schaden zugefügt hat, diesen einfach"[4]).

Wir wiederholen: die auctoris nominatio hat nur Einfluss auf das Verhältnis zwischen dem Besitzer und seinem auctor; sie ist ein Recht des Besitzers, das er ausüben oder nicht ausüben kann ($ἀνάγειν$ oder $αὐτομαχεῖν$).

Wie verhält sich dazu nun folgende Stelle des Isaios[5])?

$καίτοι δίκαιον, ὦ ἄνδρες, ὥσπερ τῶν ἀμφισβητησίμων χωρίων δεῖ τὸν ἔχοντα ἢ θέτην ἢ πρατῆρα παρέχεσθαι, ἢ καταδεδικασμένον φαίνεσθαι· οὕτω καὶ τούτοις καθ' ἕν τι τούτων ἀποφήναντας αὐτοῦ ἀξιοῦν ἐπιδικάζεσθαι, μὴ πρὸ δίκης τὴν Ἀριστάρχου θυγατέρα ἐκ τῶν πατρῴων ἐκβάλλειν.$

Der Nachsatz in dem hier vorliegenden Vergleich ist folgendermassen zu interpretieren: es handelt sich um einen Erbschaftsstreit; ihr habt, sagt der Redner, meine Mutter $πρὸ δίκης$, d. h. bevor die Sache richterlich entschieden war, aus dem Besitz ihrer väterlichen Erbschaft vertrieben. Das durftet ihr nicht; vielmehr hättet ihr, da ihr nicht sui heredes seid, die sich ohne Zuspruch seitens des Archon in den Besitz der Erbschaft setzen dürfen, den Archon vorher bitten müssen, euch die Erbschaft zuzuerkennen, indem ihr einen der Gründe, welche zur Unterstützung einer solchen Bitte nötig sind (Intestatberechtigung oder Testament), anführtet. Der Vordersatz lautet: „wie es nötig ist, dass der Besitzer von Grundstücken, um welche sich Streit erhebt, entweder den Verpfänder oder Ver-

---

1) s. oben S. 23 Anm. 3.
2) Col. VI Z. 10 ff. und IX Z. 7 ff.
3) $ἐπισπένδειν$, vgl. sponsio.
4) vgl. das periculum praestare bei der Mancipation Cic. pro Mur. 2.
5) Isaios, Aristarch. § 24.

käufer vorführt, oder als verurteilt erscheint"[1]). Der Sinn des ganzen Satzes ist danach: wie der Besitzer angeben muss, von wem er die Sache bekommen hat, so muss derjenige, welcher auf eine Erbschaft Anspruch erhebt, seinen Rechtstitel vor dem Archon bezeichnen; nicht aber darf er sich ohne Gericht eigenmächtig in den Besitz der Erbschaftssachen setzen. Das tertium comparationis liegt also in dem Zwang, der besteht, hier den Rechtstitel, dort den auctor anzugeben.

Wir haben gesehen, dass gerade im Gegenteil es völlig freisteht, zwischen dem ἀνάγειν und dem αὐτομαχεῖν zu wählen. Demnach kann sich der Ausspruch des Isaios nicht auf die nominatio auctoris zum Zweck der Hilfeleistung im Process beziehen.

Den wahren Sinn desselben werden wir leicht erkennen, wenn wir uns den Eigentumsstreit vor Augen stellen. Zwei Leute, ein Besitzer und ein Nichtbesitzer, kommen mit der Behauptung res mea est vor den Magistrat, welchem die Sammlung des tatsächlichen Materials obliegt. Der Beamte erkundigt sich zunächst nach den Rechtstiteln, auf welche Jeder seinen Anspruch stützen will. Nun ist es selbstverständlich, dass der Nichtbesitzer, der seinen Gegner vor Gericht geladen hat (πρόσκλησις), einen Rechtsgrund für seine Eigentumsbehauptung wird anführen können, wenn derselbe sich vielleicht auch später als unwahr oder nicht stichhaltig herausstellt. Anders steht es aber beim Besitzer, welcher nur gezwungen vor Gericht gefolgt ist. Er hat vielleicht keinerlei Rechtstitel; aber er war zu halsstarrig, dies seinem Gegner sofort zuzugeben und freiwillig aus dem Besitz zu weichen. Und nun: „es muss der Besitzer entweder seinen Verpfänder oder seinen Verkäufer angeben, oder er muss als verurteilt erscheinen." Dass die beiden Rechtstitel Kauf und Verpfändung hier nur beispielsweise angeführt sind, ist allerseits zugegeben. So dürfte es denn keinem Zweifel

---

[1] Ob die Construction der Worte ἢ καταδεδικασμένον φαίνεσθαι, welche man in der Schömann'schen Ausgabe des Isaios S. 445 findet: „oder erlangt zu haben erscheint, dass das Grundstück ihm zugesprochen ist", den Beifall der Philologen errungen hat, weiss ich nicht. Die obige ist von Reiske vertreten.

mehr ausgesetzt sein, dass der Besitzer in der attischen Diadikasie nicht eine passive, sondern eine active Rolle spielt[1]).

II. In der Diadikasie handelt es sich weder um ein Recht, noch um eine Rechtsverletzung.

In der Diadikasie haben, wie wir erkannt haben, beide Parteien für ihre Behauptung, res mea est, Beweise anzuführen. Nicht erforderlich ist, dass sie sich gegenseitig jedes Recht zu besitzen ableugnen. Wir sahen oben zwei Denuncianten sich in einer Diadikasie um den ausgesetzten Preis streiten. Sprechen sie sich gegenseitig jede Berechtigung auf denselben ab? Gewiss nicht; beide Bewerber haben den Mysterienfrevel angezeigt, also die Bedingung erfüllt, an welche der Anspruch auf die Belohnung geknüpft war; aber das ist controvers, wessen Denunciation die frühere oder vollständigere gewesen, wessen Berechtigung in Folge dessen grösser ist. Die beiden Ehemänner in dem Roman des Charito streiten sich nicht jedes Recht ab, die schöne Frau zu besitzen; beide haben ja einen Rechtstitel: beide sind mit ihr verheiratet gewesen; aber sie sind darüber uneins, wessen Titel der stärkere ist. Ebenso ist es auch bei den Diadikasien über Verpflichtungen. Weder Derjenige, welchem die Leiturgie auferlegt ist, noch Derjenige, welchen er seinerseits in Anspruch nimmt, leugnet, dass er absolut verpflichtet ist, weil er mehr als drei Talente im Vermögen hat; aber es fragt sich, wer von den Beiden mehr verpflichtet ist, weil er einen grösseren Ueberschuss über jenes Minimalmass besitzt. Ist es nun bei unseren $\delta\iota\alpha\delta\iota\varkappa\alpha\sigma\iota\alpha\iota\ \chi\omega\varrho\iota\omega\nu,\ o\iota\varkappa\iota\alpha\varsigma$ u. s. w. anders? Zwei kommen vor Gericht; der Eine sagt: mir gehört das Haus, mir ist es verpfändet; der Andere: mir gehört es, ich habe es gekauft; oder: mir gehört die Statue, denn sie ist von meinem Marmor gemacht, und: mir gehört sie, denn ich habe sie gearbeitet. Beide — nehmen wir an — können sich ihre Rechtstitel gar nicht abstreiten; beide haben ihr Geld oder ihre Arbeit auf die Sache verwandt. Aber sie können nicht in solidum besitzen; da giebt es nur zwei Auskunftsmittel: ent-

---

[1] vgl. Dareste, le traité des lois de Théophraste, in der Revue de législ. anc. etc. 1873. S. 289 ff.: „La preuve parait avoir été également à la charge des deux parties."

weder sie müssen teilen oder der Richter muss zusehen, ob nicht einer von ihnen ein grösseres Recht auf die Sache hat. So sagt denn der Lexicograph [1]):

οὐχ ἁπλῶς πᾶσα δίκη διαδικασία καλεῖται, ἀλλ' ἐν αἷς περί τινος ἀμφισβήτησίς ἐστιν, ὅτῳ προσήκει μᾶλλον.

Dieser relative Character der Ansprüche, der comparative [2]) der Urteilsfindung tritt in der Diadikasie so deutlich zu Tage, dass er nie verkannt werden konnte. Heffter [3]) bezeichnete die Diadikasie als einen „Prioritätsstreit", Platner [4]) sprach von einem Wettstreit, wer vor dem anderen etwas tun oder haben solle, Meier [5]) von einem Rechtsstreit, bei welchem von zweien oder mehreren jeder behauptet, dass ihm etwas eher zukomme oder weniger zugemutet werden dürfe, als dem anderen [6]).

Wenn ich nun aber daraus die Consequenz ziehe, dass im Gebiet der Diadikasien von einem Recht und einer Rechtsverletzung nicht gesprochen werden dürfe, so muss ich auf Widerspruch gefasst sein. Mag auch, kann man sagen, die attische Diadikasie sich nicht allein um das „Mein", sondern um das „Mein und Dein" drehen, mag es sich in ihr darum handeln, festzustellen, ob das „Mein" oder das „Dein" mehr Gewicht hat, so wird doch auch hier dem Sieger nur zugesprochen werden, was ihm schon von Rechts wegen gehört. Denn der Richter richtet nicht nach Willkür, sondern nach seinem Rechtsbewusstsein, nach dem Recht seines Volkes. Wenn er auch nicht den Massstab des objectiven Rechts in der Weise anlegen kann, dass alles über das vorgeschriebene Mass Hinausragende Recht, alles minder Grosse nicht Recht wäre, sondern wenn er auch die Ansprüche an einander abmessen muss, so erkennt er doch auch hier nur an, was von Natur grösser oder kleiner ist; das Grössere ist das Recht.

Ich möchte diese Anschauung auf Grund folgender Erwägungen nicht als richtig anerkennen.

---
1) Lex. Seguer. 236 = Etym. M. 267, 7.
2) vgl. Cicero orat. partit. XXVIII. 98 (Glück-Leist I. S. 63 ff): .. aequitas; quae non simpliciter spectatur, sed ex comparatione nonnunquam ..
3) Heffter, athen. Gerichtsverf. S. 272.
4) Platner II. S. 17.
5) MSchL S. 471 ff.
6) vgl. B. W. Leist, graeco-ital. Rechtsg. S. 490, wo auch der praeiudicielle Character der Diadikasie bereits angedeutet ist.

Denken wir uns zwei Leute, einen Besitzer und einen Nichtbesitzer, mit dem Anspruch res mea est vor den Richter kommen. In diesem Fall sind drei verschiedene Behandlungsweisen der Streitfrage möglich, von denen die ersten beiden miteinander verwandt sind:

1) Der Richter fordert vom Nichtbesitzer als Vorbedingung seiner Intervention, dass dieser sein Recht zu besitzen beweist:
   a) Dieser Beweis ist ein absoluter, d. h. es muss ein Recht nachgewiesen werden, welches unter allen Umständen, sage der Gegner, was er wolle, das Recht schlechthin ist. Hier muss das Recht abgesondert aus sich selbst heraus bewiesen werden, was bekanntlich nur genetisch möglich ist. Dies ist die Ordnung der römischen formula petitoria und in Folge dessen unseres Eigentumsprocesses.
   b) Dieser Beweis ist ein relativer, d. h. es muss ein Recht nachgewiesen werden, welches grösser ist als das gegnerische. Diese Ordnung werden wir im nächsten Kapitel zu betrachten haben.

Beide Processgestaltungen sind einseitige, weil es sich nur um das Recht des nichtbesitzenden Klägers handelt; auch im letzteren Fall braucht der Besitzer nicht zu beweisen, dass sein Recht grösser, sondern nur, dass des Gegners Recht nicht grösser sei. Denn es ist nicht zu übersehen, dass der Beweis sehr wohl von beiden Seiten, affirmierend und negierend, geführt werden und doch einseitig sein kann, wenn er sich eben nur auf das Recht der einen Partei, nicht auch auf das der anderen bezieht. Aus diesem Verhältnis folgt, dass im Fall der Gleichheit pro possessore entschieden wird.

2) Der Richter fordert, dass beide Parteien ihre beiderseitigen Rechtsansprüche geltend machen, und er findet selbst erst durch Abwägen des von beiden Seiten Vorgebrachten zwischen ihnen das Recht. Dies ist der Standpunkt der attischen Diadikasie. Nun ist dies nicht so zu denken, dass jede der Parteien so weit wie möglich den absoluten Beweis von 1a zu führen versuchen müsste; vielmehr sind die Beweise entsprechend den Behauptungen durchaus relativ. Aber sie unterscheiden sich von denen in 1b durch Folgendes. Bei dem einseitig-relativen Process soll dar-

getan werden, dass das Recht des Klägers nach dem objectiven Recht grösser ist als das des Beklagten; hier existiert das entscheidende objective Recht noch gar nicht, es muss erst von den Richtern gefunden werden. Nun suchen freilich die Parteien schon das Rechtsgefühl der Richter auf ihre Seite zu ziehen, ihnen die Kriterien der rechtlichen Beurteilung zu suppeditieren. Aber diese Kriterien sind eben noch nicht gesetzlich oder gewohnheitsrechtlich festgestellt. Wer in ihnen schon Recht sieht, der leugnet damit die Positivität des Rechts.

Aber auch, wenn vom positiven Recht das punctum saliens einer Streitfrage bereits festgestellt war, so waren doch die Parteien, da im Altertum natürlich der Streit eben so verblendete wie noch heute, auch beim besten Willen nicht ohne Weiteres im Stande, es zu erkennen und danach ihr Verhalten einzurichten. Es ist das unsterbliche Verdienst des römischen Praetors, dass er das, worauf es bei dem einzelnen Streit ankam, in der Formel vor Augen stellte, indem er damit nicht allein die Richter, wie sie zu richten, sondern auch die Parteien, wie sie mit einander zu rechten hätten, anwies. Wir haben bis jetzt keine Anhaltspunkte, das Gleiche von seinen Collegen in Athen zu rühmen.

Dass mit dem Recht auch die Rechtsverletzung fällt, ist selbstverständlich.

III. Im Gebiet der Diadikasie ist das Wort „Eigentum" nur mit Reserve zu gebrauchen.

Da in der Diadikasie überhaupt nicht über ein Recht verhandelt wird, so ist es offenbar, dass auch von „Eigentum" als Recht streng genommen nicht gesprochen werden darf.

Die Fremdartigkeit des uns im attischen Recht Entgegentretenden gegenüber unserem Eigentumsrecht wird uns am deutlichsten durch die Stellung des Pfandrechts. Wir bedürfen für die Behauptung, dass das Pfandrecht neben Kauf, Schenkung u. dgl. iustus titulus des Besitzanspruches ist, welcher in der Diadikasie erhoben wird, keines weiteren Beleges als der schon oben angeführten Worte des Isaios [1]): ὥσπερ τῶν ἀμφισβη-

---

[1]) Isaios Aristarch § 24 s. oben S. 36.

τησίμων χωρίων δεῖ τὸν ἔχοντα ἢ θέτην ἢ πρατῆρα παρέχεσθαι ... Heffter [1]) sagt: „Das Pfandrecht war nach attischem Recht dem Eigentum sehr nahe verwandt." Der Grund liegt einesteils in dem Wesen des attischen Eigentums, anderenteils aber auch darin, dass bei den Athenern das Pfandrecht seinen Zweck, die Befriedigung für eine Forderung zu sichern, viel mehr durch die Retention, namentlich aber durch die Besitznutzung erfüllt zu haben scheint als durch das Verkaufsrecht. Während in Rom der Besitz nur Mittel zum Zweck des Verkaufes ist, war er in Athen Selbstzweck. Es wird einer besonderen Untersuchung vorbehalten bleiben müssen, die Grundgedanken des attischen Pfandrechts, welches ja offensichtlich einen grossen Einfluss auf das römische ausgeübt hat, darzulegen.

Die Kehrseite des Satzes, dass in der Diadikasie nicht um das Recht gestritten wird, ist der andere, dass in der Diadikasie das Recht vom Richter gefunden wird. Daraus folgt, dass das Iudicat von den Athenern als Rechtstitel behandelt werden muss. Das zusprechende Urteil des in der Heliaia zu Gericht sitzenden Volkes ist nahe verwandt mit der Assignation des Grund und Bodens durch die Staatsgewalt, welche die Grundlage alles Besitzes in den griechischen Staaten bildet. Natürlich wirkt das Urteil nur inter partes; ist doch in demselben nichts ausgesprochen, als dass A mehr berechtigt sei als B; auf C dies Urteil zu beziehen, ist ganz unmöglich. Was den im späteren römischen Recht verschwundenen Titel pro iudicato anlangt, so sei daran erinnert, dass doch die eine der römischen Übertragungsformen des Eigentums, die in iure cessio, einen Process darstellt und aus dem Urteil ihre Kraft nimmt.

Handelt es sich in der Diadikasie nicht um ein Recht, so ergiebt sich daraus weiter, dass es sich in den verschiedenen Diadikasien auch nicht um verschiedene Rechte handelt. Vielmehr lassen sie sich nur nach den Objecten gruppieren, um welche gestritten wird. Damit stimmt vollkommen der griechische Sprachgebrauch überein. Denn während die δίκαι, also die obligatorischen Streitverhältnisse, ihre Bezeichnung aus dem Verpflichtungs- resp. Berechtigungsgrund hernehmen, der zwischen zwei Personen besteht, z. B. δίκη χρέους, Klage aus einem

---

[1]) Heffter, athen. Gerichtsverf. S. 268.

Darlehn, welches jemand eingegangen ist, $δίκη\ βλάβης$, Klage aus dem Schaden, welchen er angerichtet hat, m. a. W. in personam gehen, werden die Diadikasien mit dem Gegenstand angegeben, um welchen der Kampf entbrennt, z. B. $περὶ\ τῆς\ τριηραρχίας$, $τῆς\ ἀρχῆς$, $τοῦ\ κλήρου$, $χωρίων$, $οἰκίας$ u. dgl., m. a. W. der Streit geht in rem. Für das attische Recht wenigstens ist man gewiss nicht berechtigt, mit Windscheid [1]) in diesem Sprachgebrauch eine „Unart" zu sehen.

So ist es denn wohl auch begreiflich, dass es für den nicht existierenden juristischen Begriff „Eigentumsrecht" auch kein griechisches Wort giebt. Während Platner [2]) dies, wenn auch mit stiller Verwunderung, zugab, hat die Befremdung bei zwei Schriftstellern einen so hohen Grad erreicht, dass sie die Tatsache leugnen zu müssen meinten. Heffter [3]) wollte denn auch wirklich das vermisste Wort in „$οὐσία$" aufgefunden haben, und in neuester Zeit hat sich ihm Thalheim [4]) angeschlossen. Ich möchte es dem Urteil der Philologen überlassen, ob sie „$διαδικασία\ περὶ\ τῆς\ τοῦ\ χωρίου\ οὐσίας$" für griechisch halten würden. Aber es genügt schon, gegen diesen Versuch die eigenen Schlussworte Thalheims zu citieren: „Was schliesslich die angenommene Bedeutung von $οὐσία$ Eigentum = Eigentumsrecht angeht, so habe ich von Belegen dafür nicht mehr anzuführen, als Heffter, nämlich Isaeus bei Harp. s. v. $διαμαρτυρία$ [5]), aber welches andere Wort könnte diesen Begriff ausdrücken?"

Wenn ich nun trotz alledem das Wort „Eigentum" gebraucht habe, so mag zur Entschuldigung dienen, dass die gebräuch-

1) Windscheid, Pand.⁵ I. S. 444. A. 2 a. E.
2) Platner II. S. 291.
3) Heffter a. a. O. S. 349 u. 266.
4) Hermann, Griech. Altert. 2. Aufl.; II. 1. Rechtsaltertümer hrsg. v. Thalheim S. 114. A.
5) Die Stelle lautet: $Ἰσαῖος\ δ'\ ἐν\ τῷ\ πρὸς\ Πύθωνα\ ἀποστασίου\ φησίν$, $ὅτι\ οὐχ\ οἷόν\ τε\ διαμαρτυρεῖν\ οὐσίαν$. Heffter erklärt: es genüge in einer Diamartyrie z. B. nicht: „zu behaupten, ich bin Eigentümer der Sache, sondern es mussten die Eigentumstitel artikuliert werden." Dann hätte Isaios die grosse Wahrheit dociert, dass bei materiellem Zeugenbeweis, wie er im Gegensatz zum germanischen Recht in Athen und Rom herrschte, das Eigentumsrecht nur durch seine Erwerbungen bewiesen werden kann! Um einer solchen Erklärung willen wird der anerkannte Sinn von $οὐσία$ = Vermögen, Eigentum i. ökonomischen S. über den Haufen geworfen! Was der Satz bedeutet, wird bei seiner isolierten Stellung schwer zu bestimmen sein.

lichen Definitionen des Eigentumsrechts auch für das attische Recht zutreffen. Auch dieses kennt einen gegen jedermann gerichtlich zu erhebenden Anspruch, eine Sache zu besitzen, welche man rechtlich erworben hat. Und doch kann nur deshalb, weil der Gegner noch schlechtere Titel anführt, jemand in einer Diadikasie siegen, der mit einer rei vindicatio unterlegen sein würde. Ich wage kein Urteil darüber, ob jene Definitionen vielleicht für die relativen Rechte, um welche es sich in einer Diadikasie oder einer actio Publiciana handelt, nicht aber für unser römisches Eigentumsrecht genug sagen.

Kapitel IV.

Ἀναμφισβήτητα und δίκη ἐξούλης.

Wir haben oben (S. 40 ff.) gesehen, dass zwischen dem doppelseitig-relativen Eigentumsprocess der Diadikasie und dem einseitig-absoluten unserer Vindication ein dritter, einseitig-relativer stehen kann. Um es zu wiederholen, das Characteristische desselben liegt in Folgendem. Er ist wie die Diadikasie relativ, d. h. es ist nicht ein absolutes Recht auf den Besitz zu beweisen, sondern es ist nur ein Plus gegenüber dem Gegner darzutun, der Beweis wird durch Vergleichung der beiderseitigen Rechtstitel geführt. Auf der anderen Seite ist dieser Process einseitig: Kläger und Beklagter sind geschieden, nur darum handelt es sich, ob der Kläger ein grösseres Recht hat; der Beklagte siegt, wenn dies nicht erwiesen wird, auch wenn er selbst kein grösseres Recht dartun könnte, m. a. W., wenn sich die beiderseitigen Rechtstitel die Wage halten; oder auch: cum sunt partium iura obscura, reo favendum est potius quam actori [1]).

Das attische Recht ist zu dieser Gestaltung des Processes auf einem ganz eigentümlichen Wege gelangt. Es giebt zwei Rechtstitel, deren relatives Übergewicht über andere von vornherein feststeht, ja die, weil sie über alle fremden Ansprüche siegen, die einzigen Fälle von absoluten Rechten ergeben.

1. Der suus heres, mag er leibliches Kind oder adoptirt sein [2]), überkommt das väterliche Gut (τὰ πατρῷα, κλῆρος im ursprünglichen Sinn) iure naturali, φύσει [3]). Ein Streit, eine ἀμφισβήτησις ist ihm gegenüber gar nicht möglich, das Gut ist ἀναμφισβήτητον. Ohne einer weiteren Anerkennung durch

---

1) c. 11 de R. I. in VI^{to} 5, 12.
2) Genaueres MSchL. S. 606.
3) Lykurg gegen Leokrates 48.

den Archon zu bedürfen, setzt er sich selbst in den Besitz (ἐμβάτευσις). „Jeder hat ohne Gericht sein väterliches Gut", sagt Isaios (Pyrrh. 59), und „das Gesetz selbst giebt dem Sohn die Güter seines Vaters" (Philokt. 28), „Niemand kann den leiblichen Kindern ihr väterliches Besitztum streitig machen" (Pyrrh. 61). Nimmt jemand dennoch die väterliche Erbschaft weg, so schlägt er damit dem offenbaren Recht ins Gesicht, er handelt unrechtmässig, gewaltsam, βιαίως. Denn was gegen das anerkannte Recht ist, das ist dem Griechen Gewalt [1]).

2. Derjenige, welchem vom Staat verkauft oder sonst rechtsgiltig, namentlich durch Schenkung zur Belohnung, veräussert ist, soll nach einem in Griechenland weitverbreiteten Rechtssatz unanfechtbaren Besitz haben. In der demosthenischen Rede gegen Timokrates ist ein Gesetz mitgeteilt [2]), in welchem unter anderem ausdrücklich bestimmt wird, dass über das vom Staate Veräusserte keine Klage vor Gericht gebracht werden darf; gegen Pantainetos [3]) sagt Demosthenes, es könne wohl vorkommen, dass jemand behaupte, das vom Staat Verkaufte sei nicht mit Fug und Recht verkauft; und doch verbiete das Gesetz, darüber gerichtlich zu verhandeln. Ebenso bestimmt eine Inschrift von Chios [4]), dass gegen die Käufer gewisser confiscierter Güter keinerlei Anfechtung, οὐδὲν πρῆχμα, möglich sein soll, und eine Inschrift von Mylasa [5]) aus dem 4. Jarhundert, dass dergleichen Verkäufe κύριαι sein sollen. In der Rede des Demosthenes gegen Leptines [6]) findet man endlich ein Gesetz dahin gehend, dass die Geschenke, welche das Volk gegeben hat, unanfechtbar (ebenfalls „κύριος") bestehen sollen. Alle Ansprüche besser Berechtigter können sich also nur gegen den Staat geltend machen, teils in öffentlich-rechtlichen Anträgen auf Unterlassung der Veräusserung oder, nachdem diese geschehen ist, auf Schadensersatz. Gegen den Erwerber ist

---

1) Pollux VIII, 7; vgl. Demosth. XXIV. Timokr. 87, 728; ders. XLIII. Makart. 1, 1050; 28, 1058; 80, 1078; ders. XXXV. Lakrit. 26, 931.
2) Freilich ist die Echtheit solcher Gesetze vielfach angezweifelt.
3) Dem. XXXVII. Pantain. 19, 972.
4) Bulletin de correspond. hell. 1879, S. 230 ff.
5) C. I. G. 2691 = Dittenb. Syll. I. G. S. 134.
6) Demosth. XX. Lept. 97, 486.

kein Streit gestattet, er kann sich ἀναμφισβητήτως in Besitz setzen.

Wie nun, wenn ihm oder dem suus heres bei der Besitzergreifung Widerstand geleistet oder sie gar aus dem schon gewonnenen Besitz vertrieben werden? Hier heisst es zunächst Gewalt mit Gewalt vertreiben; die Selbsthilfe ist die Grundlage der attischen Execution. Aber dieselbe ist immerhin ein Mittel von etwas problematischem Wert. Liess man sich dabei, was natürlich leicht vorkommen konnte, zu Gewalttätigkeiten gegen die Person des renitenten Besitzers oder gegen seine Familie und sein Besitztum verleiten, so setzte man sich damit den poenalen δίκαι αἰκίας und βιαίων aus; ausserdem aber eröffnete die Eigenmacht einem kräftigen Gegner gegenüber die beste Exspectanz auf die unangenehmsten Erlebnisse. Denn gesetzt auch, dass man sich bei Executionen, seien es ἐμβατεύσεις oder Pfändungen, immer von einem staatlichen Beamten, δήμαρχος, begleiten lassen konnte, so bestand doch dessen Aufgabe wahrscheinlich nur darin, die Tür des Hauses rechtmässig zu eröffnen, welche sonst der Eigentümer jedem Fremden nach altarischem Recht verschlossen halten kann [1]). Wie die Rede des Demosthenes gegen Euergos und Mnesibulos beweist, reichte seine Macht nicht so weit, eine Schlägerei zu verhindern. Endlich konnte der Besitzer die Besitzergreifung natürlich auch vollkommen unmöglich machen, etwa wenn er, wie uns Harpokration v. ἀμφιδέαι erzählt, die Tür einfach mit seinen Schenkelbinden zuband. Wie nun? Hier trat der Staat mit dem gewöhnlichen Auskunftsmittel in solcher Verlegenheit, einer poena, ein; er gewährte dem Berechtigten, welcher nicht in den Besitz zu gelangen vermochte oder aus demselben verdrängt wurde, eine auf das Duplum gerichtete Klage, nur mit dem Unterschied von ähnlichen Klagen des römischen Rechts, dass das zur Strafe hinzugefügte alterum tantum hier wie bei allen ähnlichen δίκαι nicht dem Kläger zufällt, sondern dem Staate. Darauf beruht die Wirksamkeit der Massregel: der Beklagte wurde durch die Verurteilung zugleich Staatsschuldner; zahlte er die Zusatzbusse, προστίμημα, nicht in der gesetzlichen Frist, so verfiel er der Infamie. Ob der Staat den Kläger bei Ein-

---

1) Schol. zu Aristoph. Nub. 37. vgl. B. W. Leist a. a. O. S. 492.

treibung seines Teiles irgendwie unterstützt hat, können wir einstweilen nicht entscheiden; für die Bejahung können wir nur einige Worte des unsicheren Suidas [1]) anführen. Die Antwort wird, wenn überhaupt, nur durch eine umfassende Untersuchung des attischen Executionswesens gefunden werden können.

Der Name der Klage ist δίκη ἐξούλης. Dieses Wort, fast ausschliesslich in dieser Form, nie im Nominativ vorkommend, wird von ἐξείλλειν = ἐκβάλλειν abgeleitet; die Bedeutung der Klage ist demnach: eine „Vertreibungsklage", „Besitzstörungsklage".

Diese Bezeichnung hat bei einigen Schriftstellern die Erinnerung an das interdictum unde vi der Römer wachgerufen, und von der Vergleichung zur Identification ist nur ein Schritt gewesen. Mit den seinerseits beistimmenden Worten: „Daher man sie (die δίκη ἐξούλης) mit dem interdictum unde vi vergleichen konnte", deutet Hudtwalcker [2]) darauf hin, dass derselbe schon vor ihm geschehen ist. Ihm haben sich in der, wenn auch nicht immer klaren Behandlung der δίκη ἐξούλης als einer „Besitzklage" angeschlossen: Meier und Schömann [3]), Boeckh [4]) und Philippi [5]), unabhängig von ihm hat sich von Viebahn sogar zu einer Zusammenstellung der δίκη ἐξούλης mit den possessorischen Interdicten in einer Schrift „Remedia recuperandae possessionis in iure Attico et Romano" [6]) veran-

---

1) Suidas v. ἐξούλης δίκη . . . Ἐπειδάν τις καταδικασθείς μὴ ἐκτίνῃ τὴν καταδίκην, εἰσεπράττετο ὑπὸ τοῦ δήμου, καὶ ἄλλο τῷ δήμῳ τοσοῦτον.

2) Hudtwalcker (Jurist), die öffentl. u. Privatschiedsrichter (Diaiteten) in Athen. Jena 1812.

3) MSchL. S. 665: „Bei der Klage ἐξούλης haben wir zwei Bedeutungen zu unterscheiden, nämlich eine ältere, welche, freilich mit einigen wesentlichen Unterschieden, den Römischen Klagen unde vi, vi bonorum raptorum, quasi Serviana oder hypothecaria, sodann eine wahrscheinlich spätere, die der Römischen actio iudicati entsprach."

4) Boeckh, Staatsh. I* 497: „die ursprüngliche δίκη ἐξ., die eine wirkliche Austreibung aus dem Besitz war . . . . die δίκη ἐξ. als actio (?) unde vi."

5) Philippi, d. Fragment der Demosth. Rede geg. Zenothemis in Fleckeisens Jb. f. class. Philol. N. F. XIII. 1867. S. 584: „eine der römischen actio (?) unde vi entsprechende δίκη ἐξούλης."

6) Jenenser Dissertation; die völlig wertlose Arbeit zeigt, wie man das attische Recht nicht soll benutzen wollen.

lasst gesehen. Die Darstellung Thalheims [1]) ist so dunkel, dass es schwer sein würde, zu entscheiden, ob auch sie an dieser Stelle zu nennen ist. Ganz eigentümlich nimmt es sich aus, wenn die meisten der genannten Schriftsteller trotz des angeblich possessorischen Charakters der δίκη ἐξούλης doch die einzelnen Rechtstitel aufführen, auf Grund welcher mit ihr geklagt werden konnte; einige scheinen die Discrepanz gefühlt zu haben; sie haben damit zu helfen gemeint, dass sie die Bedeutung der δίκη ἐξούλης als „Besitzstörungsklage" für „ursprünglich", ihre Anwendung auf einzelne Rechte für „später" erklärten. Ungefähr ebenso wäre es, wenn man behaupten wollte, das Interdictum unde vi sei „später" auch dem suus heres zugestanden worden.

Die Rechtstitel, welche die δίκη ἐξούλης begründen, sind nun neben den beiden oben besprochenen, Suität und Erwerb vom Staat, welche ein gegen jedermann verfolgbares, also dingliches Recht zur Folge haben, zwei nicht minder wichtige in personam wirksame: der Sieger im Process und der Pfandgläubiger können den Iudicatus resp. den Pfandschuldner, wenn dieselben mit Leistung des Streitobjects resp. der Schuld säumig (ὑπερήμεροι) sind, eigenmächtig aus dem Besitz vertreiben und bei Widerstand die δίκη ἐξούλης anstellen. Wir ersehen daraus, dass diese Klage keineswegs ausschliesslich dinglichen Charakter zeigt.

Dass die δίκη ἐξούλης im Gegensatz zum interdictum unde vi ein Recht zur Grundlage haben muss, haben Heffter und Platner richtig erkannt. Heffter äussert sich [2]) über sie folgendermassen: „Die ursprüngliche Tendenz der Klage war, wie Hudtwalcker mit mehrerem ausführt und schon die Etymologie ahnen lässt, die Wiedererlangung eines verlorenen Besitzstandes und weiterhin auch Schutz gegen denjenigen, welcher in des

---

1) Hermann, Griech. Altert.⁸ II. 1.: Rsaltert. hrsg. v. Thalheim S. 117. Anm. 1: „Dass die δίκη ἐξ., d. i. wegen Vertreibung, eine Besitzstörungsklage gewesen sei, hebt ausdrücklich gegenüber anderen Ansichten hervor Harpokr. s. v.; dass dies ihre ursprüngliche Bedeutung war, hat Hudtwalcker erkannt . . . Da es nun zur Anwendung dieser Klage gleichgiltig war, ob der rechtmässige Eigentümer (!) aus dem factischen Besitz verdrängt oder an der Besitzergreifung verhindert wurde u. s. w."

2) Heffter a. a. O. S. 457.

andern Recht störend eingreift. Jedenfalls gehörte zu ihrer Begründung der Beweis **eines Besitzrechtes**, wie denn die attische Jurisprudenz überhaupt keine Rechtsmittel zur Sicherung **des jüngsten Besitzstandes als eines solchen**, Rechtsmittel, die im Ganzen auf der subtilen Trennung des Besitzes **mit und ohne** Recht beruhen, gekannt haben dürfte". Bei Platner findet man folgende Auslassung¹): „Verweigerte der Besitzer dem Vindicanten das ἐξάγειν, so konnte dieser die δίκη ἐξούλης anstellen, durch welche die Pfand- und Eigentumsrechte geltend gemacht wurden. Harpokration und Suidas (vgl. Lex. Seg. 252): δίκη ἐξούλης ὄνομα δίκης, ἣν ἐπάγουσιν οἱ φάσκοντες ἐξείργεσθαι τῶν ἰδίων κατὰ τῶν ἐξειργόντων. Diese Bestimmungen sprechen nicht, wie Hudtwalcker annimmt, von einer gewaltsamen Entreissung des Besitzes und dessen Wiedererlangung, sondern von dem Falle, dass jemand von Ergreifung des Seinigen abgehalten wird, mithin von Bestreitung eines angeblichen Realrechts".

Danach ist also für feststehend zu erachten, dass die ἐξαγωγή und mit ihr die δίκη ἐξούλης nur auf Grund eines Rechtes statthaben kann, und zwar sind uns vier einzelne Fälle von den Rednern genannt und von den Grammatikern beglaubigt.

Wie verhält sich nun dazu die allgemeine Ausdrucksweise einiger Stellen der Grammatiker, welche zu dem Irrtum Hudtwalckers und seiner Nachfolger wesentlich beigetragen hat? In ihnen allen wird, was er übersehen hatte, betont, dass nur der mit der δίκη ἐξούλης klagen kann, welcher aus dem Seinigen (Harp.: ἐκ τῶν ἰδίων, Hesych.: ὅταν φάσκῃ κατέχεσθαι αὐτοῦ κτῆμά τι ἐπιβάλλον αὐτῷ) vertrieben zu sein behauptet, aber wird hier nicht ganz allgemein von dem „Seinigen" gesprochen, ohne die einzelnen genannten Rechtstitel zu erwähnen, von welchen die anderen Nachrichten speciell Kunde geben? Haben wir es hier nur mit einer der Ungenauigkeiten der Grammatiker zu tun?²).

---

1) Platner II. S. 295.
2) Dagegen sprechen schon deutlich die ausdrücklichen Worte des Harp. v. ἐξούλης i. f.: ὅτι δὲ ἐπὶ παντὸς τοῦ ἐκ τῶν ἰδίων ἐκβαλλομένου τάττεται τοὔνομα, καὶ οὐχ ὡς οἴεται Καικίλιος μόνων τῶν ἐκ καταδίκης ὀφειλόντων, καὶ Φρύνιχος ἐν Προαστίαις δῆλον ποιεῖ. — Hierher gehört, ausser den

Ich glaube nicht. Der suus heres, der Erwerber vom Staat, der Sieger im Process und der Pfandgläubiger haben das Recht, den Besitzer eigenmächtig zu vertreiben oder sich durch Eigenmacht im Besitz zu erhalten und eventuell mit der δίκη ἐξούλης zu klagen, nicht auf Grund eines willkürlichen Privilegs, sondern deshalb, weil sie im Besitz eines Rechtstitels sind, dem gegenüber eine ἀμφισβήτησις, d. h. ein Streit über bessere Berechtigung, nicht möglich ist, der damit zu sofortiger Execution berechtigt. Vollkommen selbstverständlich ist diese Ordnung bei dem Titel des Iudicats; hier ist ja die richterliche Prüfung vorhergegangen, und die ἐξαγωγή ist in diesem Fall die gewöhnliche Execution, die δίκη ἐξούλης entspricht der actio iudicati. Fremdartiger ist dagegen die Zulassung der Eigenmacht in den drei übrigen Fällen, da in denselben eine Prüfung des Rechtstitels auf seine Wahrheit hin nicht stattgefunden hat. Einmal aber ist zu erwägen, dass wir es hier mit Rechtsverhältnissen zu tun haben, denen eine gewisse Publicität anhaftet. Der suus heres kann sich bezüglich seiner Echtheit auf die Nachbarn, vor allem aber auf die Phrateren berufen, denen, wie oben dargestellt, die Sorge für den Familienstand zufällt; die Veräusserungen des Staats sind ihrer Natur nach öffentlich und werden durch die Aufzeichnungen der Magistrate, häufig in Stein gegraben und öffentlich ausgestellt, dem Gedächtnis erhalten: Verpfändungen werden durch an den Grundstücken selbst angeheftete Tafeln, ὅροι, kund gegeben, welche den Namen des Pfandgläubigers und die Pfandsumme enthalten; bewegliche Sachen werden, abgesehen von Schiffen, selten zur ἐμβάτευσις Anlass geboten haben, da sie jedenfalls meist zu Besitzpfand übergeben wurden. Auf der anderen Seite ist durch die Strafe des Duplum, welche die δίκη ἐξούλης über den ohne Berechtigung Besitz Ergreifenden herbeiführte, gewiss ein genügendes Praeservativ gegen unbefugte ἐμβατεύσεις geboten.

Ist nun die ἐξαγωγή in den oft genannten vier Fällen nur deshalb möglich, weil hier jede ἀμφισβήτησις ausgeschlossen ist, so müssen wir sie auch wiederfinden, wo sonst ein Streit

---

citierten Stellen des Harpokration-Suidas und des Hesych, Nikephor. Gregor. p. 7. Ἐξούλης· ἐστὶ καὶ αὐτὸ ὄνομα δίκης, ὅταν ἐκβάλλῃ τις ἐκ τῶν οἰκείων τινὰ παραλόγως, ἀπὸ τοῦ ἐξέλλειν, ἀντὶ τοῦ ἐκβάλλειν.

um bessere Berechtigung nicht stattfinden kann. Dies ist zunächst der Fall, wenn der Besitzer gar keinen Rechtstitel für sich anführen kann, also „pro possessore" besitzt; hier ist ja gar kein Zweifel denkbar, wer ein besseres Recht in Anspruch nehmen könne. Ganz ähnlich aber liegt die Sache, wenn der Besitzer zwar einen Rechtstitel behauptet, der Gegner aber meint, dessen Unwahrheit erweisen zu können. Hierher ist der Streit zu beziehen, von welchem uns die Reden des Demosthenes gegen Onetor berichten, die einzigen, welche von den anlässlich einer $δίκη$ $ἐξούλης$ gehaltenen uns erhalten sind.

Es ist bekannt, dass Demosthenes seine forensische Wirksamkeit mit einem Process gegen einen seiner treulosen Vormünder, Aphobos mit Namen, eröffnete, welcher mit der Verurteilung des Beklagten endete. Um nun sein Vermögen vor der Execution des Demosthenes zu retten, verzog darauf Aphobos nach Megara, nachdem er alle bewegliche Habe fortgeschafft und die Immobilien an Freunde veräussert hatte. Unter diesen befand sich — so schildert Demosthenes die Sachlage — der Schwager des Aphobos, Onetor; er trat mit der Behauptung auf, dass ihm gewisse Ländereien für die Mitgift seiner Schwester von ihrem Gemahl Aphobos verpfändet seien und führte auf Grund dieses Titels den Demosthenes aus dem Besitz (p. 864 § 2: $ὑβριστικῶς$ $ὑπ'$ $αὐτοῦ$ $πάνυ$ $ἐξεβλήθην$; p. 865 § 4: $ἐξήγαγέ$ $με$ $ἐκ$ $ταύτης$ $τῆς$ $γῆς$). Die Doppelbedeutung des Wortes $ἐξάγειν$ lässt uns nicht erkennen, ob der Vorgang der gewesen ist, dass Demosthenes sich als Iudicatsgläubiger des Aphobos in den Besitz setzen wollte und dabei von dem Besitzer Onetor zurückgewiesen wurde, oder ob Demosthenes bereits besass und von Onetor verdrängt wurde. Jedenfalls war nun Demosthenes durch die vis des Gegners Nichtbesitzer und klagte als solcher gegen den vi possidens. Wäre dies noch der verurteilte Aphobos, so würden wir einen Fall der $δίκη$ $ἐξούλης$ als actio iudicati vor uns haben; gegenüber dem vom Urteil in keiner Weise betroffenen Dritten kann sie uns zunächst befremden. Hier, sollten wir meinen, wäre gerade der Platz für eine Diadikasie darüber, welcher von den beiderseits angeführten Rechtstiteln, Iudicat und Verpfändung, die ja an sich beide zur $ἐμβάτευσις$ berechtigten, der stärkere sei. Eine

Bestätigung dafür liefern die Worte des Demosthenes[1]), er habe sich mit seinem Gegner vor Freunden auseinandersetzen wollen, ἐν τοῖς φίλοις διαδικάσασθαι. Wenn nun trotzdem Demosthenes gleich wegen Vertreibung aus dem Seinigen klagt, ohne dass dieses „suum" vorher nach Vergleichung der beiderseitigen Rechtstitel anerkannt wäre, so kann er dies m. E. nur, weil er jede Vergleichung durch Leugnung des gegnerischen Rechtstitels für überflüssig erklärt. Er behauptet nämlich einmal, dass das angebliche gegnerische Pfandrecht der Basis einer Forderung entbehre, da nie eine Mitgift gezahlt sei, dann aber eventuell, dass es jedenfalls noch nicht wirksam geworden sei, da die Ehe noch bestehe.

Ist die δίκη ἐξούλης begründet, wo man beweisen kann, dass der gegnerische Titel unwahr ist, so ist es nur ein kleiner Schritt weiter, ihre Zuständigkeit auch da anzunehmen, wo man dartun kann, dass der gegnerische Titel nichtig ist. So scheint mir ein Fall erklärt werden zu müssen, von dem uns Isaios in der Rede über die Erbschaft des Dikaiogenes[2]) erzählt.

Dem Sprecher in dieser Rede sind durch Vergleich in iudicio, welcher dem Judicat gleichsteht, zwei Drittel einer Erbschaft abgetreten worden. Befänden sich nun die Erbschaftssachen noch in der Hand des Verpflichteten, Dikaiogenes II., so würde zweifellos der Sprecher sich mit der ἐμβάτευσις in ihren Besitz setzen können und, falls ihm Widerstand entgegenträte, mit der δίκη ἐξούλης klagen. Nun sind sie aber mit wenigen Ausnahmen an Dritte verkauft oder verpfändet. Trotzdem aber hat der Sprecher in einem Fall die ἐξαγωγή versucht. Lassen wir die Stelle sprechen: „Die ἐξαγωγή gebrauchen wir in Zukunft nicht mehr; wir besorgen, dass wir dabei verurteilt werden. Denn als wir den Mikion auf Aufforderung des Di-

---

1) Demosth. a. a. O. p. 864 § 2.
2) § 22 ff.: ἡμεῖς δ' οὐκ ἐξάγομεν· δεδίαμεν γὰρ μὴ ὄφλωμεν δίκας. καὶ γὰρ Μικίωνα, κελεύοντος Δικαιογένους καὶ φάσκοντος μὴ βεβαιώσειν, ἐξάγοντες ἐκ τοῦ βαλανείου ὤφλομεν τετταράκοντα μνᾶς διὰ Δικαιογένην, ὦ ἄνδρες. ἡγούμενοι γὰρ οὐκ ἂν αὐτὸν βεβαιώσειν οὐδὲν ὧν ἡμῖν ἀπέστη ἐν τῷ δικαστηρίῳ, διισχυριζόμεσθα πρὸς Μικίωνα ἐναντίον τῶν δικαστῶν, ἐθέλοντες ὁτιοῦν πάσχειν, εἰ βεβαιώσειεν αὐτῷ Δικαιογένης τὸ βαλανεῖον, οὐκ ἄν ποτε οἰόμενοι αὐτὸν ἐναντία οἷς ὡμολόγησε πρᾶξαι, οὐ δι' ἄλλ' οὐδὲν ἢ διὰ τοὺς ἐγγυητάς, ὅτι καθειστήκεσαν ἡμῖν. ἀποστὰς δὲ Δικαιογένης [ταῦτα τὰ μέρη] ὧν καὶ νῦν ὁμολογεῖ ἡμῖν, ἐβεβαίωσε Μικίωνι τὸ βαλανεῖον.

kaiogenes und, obwohl dieser erklärte, ihm die auctoritas (βεβαίωσις) nicht leisten zu wollen, aus dem Badehause herausführten, verloren wir durch die Schuld des Dikaiogenes vierzig Minen. Denn da wir glaubten, er würde nie die auctoritas für etwas einlegen, was er uns in iudicio abgetreten hatte, blieben wir dem Mikion gegenüber vor den Richtern dabei, wir wollten, wer weiss was erdulden, wenn Dikaiogenes ihm für das Badehaus die auctoritas leiste; denn niemals hätten wir gedacht, er würde das Gegenteil von dem tun, was er zugestanden hatte, wenn nicht wegen etwas anderen, so doch wegen der Bürgen, welche er uns gestellt hatte. Trotzdem nun Dikaiogenes, wie er auch jetzt einräumt, diese Teile der Erbschaft abgetreten hatte, wurde er doch dem Mikion für das Badehaus auctor."

Für unsere Frage können wir aus diesen Sätzen Folgendes entnehmen: zwei Leute leiten Rechtsansprüche auf ein und dieselbe Sache von demselben auctor ab, der erste aus einem Verzicht, der zweite aus einem Kauf; jener vertreibt diesen aus dem Besitz (ἐξάγει), dieser klagt gegen jenen mit der δίκη ἐξούλης. Der zweite siegt, weil ihm die auctoritas geleistet wird, er würde unterlegen (als Kläger abgewiesen) sein, wenn sie ihm verweigert wäre.

Danach scheint die ἐξαγωγή und mit ihr die δίκη ἐξούλης zur Entscheidung zwischen zwei Praetendenten geführt zu haben, welche ihre Rechte von demselben auctor ableiteten.

Schwieriger als diese Stelle ist eine andere, deren Bezug auf die δίκη ἐξούλης Philippi[1]) entdeckt hat. Es ist die Rede des Demosthenes gegen Zenothemis, nach Philippi's Urteil „vielleicht die schwerste unter allen sog. Demosthenischen", da sie nicht nur auf einem sehr verwickelten Sachverhalt basiert, sondern auch ohne Zweifel von Advocatenkniffen und Verdrehungen strotzt und zu guterletzt nicht einmal vollständig erhalten ist.

Es handelt sich um ein foenus nauticum; deshalb wird die Klage formell als eine Handelsklage, δίκη ἐμπορική, bezeichnet. Der Kläger, Zenothemis, behauptet, einem Schiffer mit Anderen auf das von demselben verfrachtete und ihm gehörige Getreide geliehen zu haben, während der Beklagte erklärt, das Getreide

---

1) A. Philippi, das Fragment der Demosth. Rede gegen Zenothemis in Fleckeisens Jb. f. class. Philol. N. F. XIII. 1867. S. 577 ff.

habe nicht dem unterdessen verstorbenen Schiffer, sondern dem Rheder Protos gehört, welchem er seinerseits auf dasselbe geliehen habe. Die Frage ist also, welcher der beiderseitigen Auctoren, der Schiffer oder Protos, in Wahrheit das Getreide in Sicilien gekauft hat. Zur Entscheidung derselben fordern der Beklagte, Demon, und sein Schuldner Protos den Zenothemis vor die ἀρχή der Syrakusaner, und zwar vermittels einer ganz eigenartigen Sponsion: „wenn es sich dort herausstellen sollte, dass Protos das Getreide gekauft, den Zoll dafür entrichtet und den Preis gezahlt habe, so solle Zenothemis als πονηρός bestraft werden; im entgegengesetzten Fall solle Zenothemis das Getreide mit den Kosten zurückerhalten und ein Talent dazu bekommen; Demon und Protos wollten dann auf das Getreide verzichten." Da Zenothemis diesen Vorschlag ablehnt, glaubt sich Demon berechtigt, den Zenothemis aus dem Besitz zu exmittieren. Die Besitzfrage ist nicht ganz klar und scheint es auch in Wirklichkeit nicht gewesen zu sein. Man wird das begreiflich finden, wenn man die tatsächlichen Verhältnisse erwägt. Als das Schiff mit dem Getreide in den attischen Hafen einlief, legten sofort diejenigen, welche auf das Schiff geliehen hatten, Beschlag auf dasselbe; auf das Getreide erhoben sowohl Protos wie Zenothemis sofort Anspruch; beide mögen auch, da sie beide mitgereist waren, persönlich im Schiff ihren animus possidendi kundgegeben haben; von einer wirklichen, ausschliesslichen Herrschaft des einen oder des anderen konnte aber keine Rede sein, solange sich das Getreide auf dem Schiffe befand. Zenothemis klagt nun gegen Demon mit der δίκη ἐξούλης. Inzwischen aber hat sich das Verhältnis dadurch gewaltig verändert, dass Zenothemis in einer gegen Protos angestrengten, das Getreide betreffenden Klage gesiegt hat. Welche Klage dies war, ist leider nicht zu entscheiden. Demon sagt nur, ihn könne es doch nichts angehen, ob Protos, wie in jener Klage behauptet, zu stark Wein bei einem Seesturm getrunken und Urkunden bei Seite geschafft oder geöffnet habe; mit einiger Phantasie wird man vielleicht hierin angedeutet sehen, dass Protos im Rausch seinen Betrug und welche Mittel er bei demselben gebraucht gestanden habe. Deutlich ist nur zu erkennen, dass Protos, indem er sich auf die Klage hin in contumaciam verurteilen liess, seinen Anspruch auf das

Getreide fahren liess. Dadurch ist nun aber die Lage des Demon eine sehr schlimme geworden. Hatte er vielleicht vorher in ehrlichem Vertrauen auf das Recht seines Auctors die ἐξαγωγή gewagt, so konnte er jetzt, da durch Richterspruch dessen Unrecht festgestellt war, sich nur noch mit einer klaghindernden Einrede (παραγραφή) zu schützen versuchen.

Bezüglich der ἐξαγωγή steht in diesem Falle fest, dass sie zwar auf Grund eines Pfandrechts, aber gegen einen beliebigen Dritten vollzogen wurde, der sein Recht nicht einmal von demselben Auctor ableitete.

Nimmt man nun noch die Erklärung des Pollux [1]) hinzu: ἡ δὲ τῆς ἐξούλης δίκη γίνεται, ὅταν τις τὸν ἐκ δημοσίου πριάμενον μὴ ἐᾷ καρποῦσθαι ἃ ἐπρίατο, ἢ τὸν νικήσαντα ἃ ἐνίκησεν, ἀλλ᾿ ἢ ἔχοντα ἐκβάλλῃ ἢ σχεῖν κωλύσῃ, ἢ αὐτὸς ὁ ὀφλὼν ἢ ἄλλος ὑπὲρ αὐτοῦ. καὶ μὴν καὶ εἰ ὁ μὲν ὡς ἑωνημένος ἀμφισβητεῖ κτήματος, ὁ δὲ ὡς ὑποθήκην ἔχων, ἐξούλης ἡ δίκη,

so wird man die Vermutung für gerechtfertigt halten, dass allenthalben da die ἐξαγωγή und mit ihr die δίκη ἐξούλης Platz fand, wo man sein besseres Recht dartun zu können fest vertraute. Dies aber war da der Fall, wo der Gegner überhaupt gar keinen Rechtstitel hatte oder doch nur einen solchen, den das objective Recht bereits für mangelhaft und deshalb in einem gewissen Conflict für minderwertig erklärt hatte.

Die δίκη ἐξούλης wäre danach von einer einseitigen Eigentumsklage nur noch dadurch unterschieden, dass ihr das poenale Element des Duplum anhaftet. Aber dieses wäre eben nur noch ein Überbleibsel einer früheren Entwicklungsstufe, dessen Absterben man prophezeien könnte. In Wirklichkeit würde, während früher die ἐξαγωγή Selbstzweck war, sie nun nur Mittel geworden sein zur Herbeiführung des Eigentumsstreites.

Hiermit stimmt nun die eigentümlich formelle Natur der ἐξαγωγή, wie sie uns in der Rede gegen Zenothemis entgegentritt, überein. Protos will den Zenothemis exmittieren; dieser aber lässt sich nicht herausführen, sondern erklärt, sich von keinem anderen exmittieren lassen zu wollen, als von Demon [2]).

---
1) Pollux, VIII. 59.
2) § 17: ἐξῆγεν αὐτὸν Πρῶτος . . . οὑτοσὶ δ᾿ οὐκ ἐξήγετο, οὐδ᾿ ἂν ἔφη διαρρήδην ὑπ᾿ οὐδενὸς ἐξαχθῆναι, εἰ μὴ αὐτὸν ἐγὼ ἐξάξω u. s. w. Vgl auch

Meier und Schömann haben bereits[1]) an die deductio quae moribus fit der Römer erinnert.

Dass die δίκη ἐξούλης als eine einseitig-relative Eigentumsklage, abgesehen von dem Moment des Usucapionsbesitzes auf der einen, dem poenalen Charakter auf der anderen Seite, eine gewisse Verwandtschaft mit der Publiciana actio zeigen würde, braucht nicht erörtert zu werden.

Is. Pyrrh. 22, wo von Seiten eines suus heres die ἐξαγωγή vor vielen Leuten versucht wird, damit dieselben Zeugen des Vorgangs sein sollen. — Dem. g. Leochares XLIV. p. 1090. 32: πορευομένων ἡμῶν εἰς τὰ κτήματα διὰ τὸ ἄπαιδά τε τὸν ἄνδρα καὶ ἄγαμον τετελευτηκέναι, ἐξῆγεν ὁ Λεώστρατος οὑτοσὶ φάσκων αὑτοῦ εἶναι.

1) MSchL. S. 477. Die öfter aufgestellte Behauptung, dass die ἐξαγωγή immer fingierte Gewalt bedeute, ist vollkommen unbegründet. Man wollte damit den Gegensatz der δ. ἐξούλης und βιαίων finden, während derselbe darin liegt, dass erstere reipersecutorisch, letztere nicht ist.

Schluss.

Wenn die vorliegende Arbeit dargelegt haben sollte, dass der attische Eigentumsprocess einen relativen Charakter hatte, d. h. dass durch Vergleichung der beiderseitigen Rechtstitel das Eigentumsrecht ermittelt wurde, ein Recht, welches deshalb selbst nur relativ war, so bedarf es keines Beweises mehr, dass der absolute Eigentumsprocess der formula petitoria mit seinem genetischen Beweis und damit auch der absolute Eigentumsbegriff den Athenern fremd war. Hier soll nur noch die Frage aufgeworfen werden, ob die uns geläufige Gestaltung des Eigentums in Athen überhaupt möglich gewesen wäre.

Der genetische Beweis des Eigentums ist eine wahre probatio diabolica, d. h. ein schwerer legislativer Fehler, wenn nicht besondere Massregeln zur Sicherung des Erwerbes und Besitzes getroffen sind. Solche sind einmal die römische mancipatio und in iure cessio und in viel höherer Vollkommenheit bezüglich der Immobilien unsere Grundbücher. Beweist jemand, dass ihm in dem unter öffentlicher Controlle geführten Grundbuch ein Grundstück zugeschrieben sei, so ist damit in der Regel der absolute Beweis seines Eigentums bereits erbracht. In Rom konnten trotz der Formalität der Eigentumsübertragungsacte Veräusserungen des Nichteigentümers leichter vorkommen, und so war hier die zweite Massregel, die Anordnung der Usucapion, doch erst die eigentliche Grundlage der rei vindicatio.

Wie steht es nun in dieser Beziehung im attischen Recht?

Es ist nichts als ein romanistisches Vorurteil, wenn Barrilleau[1] behauptet: En matière de droits réels et d'obligations, l'étroit formalisme des Romains n'avait pu convenir au génie

---

[1] Barrilleau, les sources du droit grec. Nouv. Revue historique VII. 1883. S. 616.

plus libre des Athéniens. Rien d'analogue aux modes solennels d'acquérir, tels que la mancipatio ou l'in iure cessio. Kein Geringerer als des Aristoteles grosser Schüler, Theophrast, liefert uns dafür den Beweis. Aus dem uns erhaltenen Fragment [1]) von dessen Werk περὶ νόμων ersehen wir, dass im Gegenteil eine grosse Zahl von Formalitäten der Eigentumsübertragung in Griechenland bestanden. Bei den Thuriern ist es gebräuchlich, dass Käufer und Verkäufer eines Grundstücks gemeinschaftlich die Nachbarn zu Zeugen des Verkaufs anrufen und ihnen ein rudusculum (νόμισμά τι βραχύ) zur Erinnerung an den Act geben. Theophrast fügt hinzu: „es ist nötig . . dabei die Nachbarn verantwortlich zu machen, wenn sie das Geldstück nicht nehmen wollen oder zweimal von demselben sich geben lassen oder trotz des Empfangs den Käufer nicht nennen." Bei Verkauf von Mobilien ist als Ort der Marktplatz bezeichnet, ohne dass wir etwas Näheres über die Formalität erführen; Ähnliches findet sich auch in anderen Staaten. Anderswo hat der Übertragungsact einen sacralen Charakter. Käufer und Verkäufer sollen dem Apoll ein Opfer bringen und in Anwesenheit des eintragenden Magistrats und dreier Ortsbewohner schwören, dass das Geschäft ohne jeden Trug und Hintergedanken vor sich gehe. In mehreren Staaten besteht die Sitte, den beabsichtigten Verkauf eine bestimmte Zeit vorher öffentlich auszurufen oder auszuhängen; so soll insbesondere in Athen — zur Zeit des Theophrast — der Kauf 60 Tage vorher bei der Behörde angeschlagen werden, und der Käufer ein Hundertstel als Abgabe erlegen, damit ein jeder den Verkauf anfechten sowie durch Zeugenaussage hindern könne, und der rechtmässige Käufer τῷ τέλει (entweder „der Behörde" oder „durch die Abgabe") offenbar sei. Bezeugt wird [2]), dass die Publication auf weissen Tafeln oder auf mit „weisser Erde" bestrichenem Buchsbaum geschah. Die Register über die cen-

---

1) bei Stobaeus, floril. XLIV, 22. Text, Uebersetzung und Erklärung bei Dareste, Revue de législ. anc. et mod. Paris 1870|71 p. 277 ff. Hofmann, Beitr. zur Gesch. d. griech. u. römischen Rechts 1870. S. 71 ff., Thalheim, Anh. zu Hermann, Gr. Altert.² II. 1. Rechtsaltert. S. 128 ff. u. 73 ff. Bearbeitung von Caillemer, Revue de législ. 1870 71 p. 651.

2) Paroemiogr. Gr. ed. Schneidewin I. S. 405. Hesych. v. ἐν λευκώμασιν p. 1248.

tesima rerum venalium enthielten zugleich eine Art Grundbuch, in welchem aber freilich die Grundstücke nur ganz allgemein bezeichnet wurden. Aber auch wirkliche öffentliche Aufzeichnungen der dinglichen Rechte an Immobilien sind dem griechischen Altertum nicht wie dem römischen fremd. Theophrast selbst bemerkt: „man darf nicht vergessen, dass die Aushängungen und Bekanntmachungen durch öffentliche Verkündigung und alle die anderen Massregeln, welche getroffen werden, um Dritten es möglich zu machen, ihr besseres Recht in gerichtlichem Streit zur Geltung zu bringen ($\H{o}\sigma\alpha\ \pi\varrho\grave{o}\varsigma\ \tau\grave{\alpha}\varsigma\ \mathring{\alpha}\mu\varphi\iota\sigma\beta\eta\tau\acute{\eta}\sigma\varepsilon\iota\varsigma\ \mathring{\varepsilon}\sigma\tau\acute{\iota}\nu$), durchweg oder grösstenteils in Ermangelung eines anderen Gesetzes angeordnet sind; wo nämlich Aufzeichnungen der Grundstücke und der Verträge existieren, da kann man aus diesen ersehen, ob jemand freies und unbelastetes Gut, das ihm gehört, rechtmässig verkauft; (denn) die Behörde trägt den Käufer auch gleich mit ein." Wir besitzen bestimmte Nachrichten über Grund- und Hypothekenbücher aus Chios, Tenos, Jasos, Smyrna, Aphrodisias in Karien, Philadelphia in Lydien, Mylasa, Olymos, namentlich aber aus dem hellenistischen Aegypten der Ptolemaeerzeit.

Im Gegensatz zu den Formalacten der Eigentumsübertragung fehlt den Athenern aber die Usucapion. Caillemer[1]) hält freilich ihre Existenz in Athen für gewiss; aber die Beweise entsprechen durchaus nicht der Behauptung. Die von ihm angeführten Stellen bezeugen sämmtlich nur eine gewisse Anerkennung der unvordenklichen, unbestimmt „langen" Zeit als Besitztitel. Die Bestimmungen, welche man bei Plato[2]) findet, beziehen sich nicht auf Athen, sondern auf den Idealstaat des Philosophen; dass sie aus dem positiven Recht geschöpft sein könnten, ist gewiss nicht zu leugnen, dass sie es sind, wäre zu beweisen. Ein Gegenbeweis ergiebt sich aus den Worten: $\chi\omega\varrho\acute{\iota}\omega\nu\ \mu\grave{\varepsilon}\nu\ o\mathring{\iota}\kappa\acute{\eta}\sigma\varepsilon\omega\nu\ \tau\varepsilon\ \tau\tilde{\eta}\delta\varepsilon\ o\mathring{v}\kappa\ \H{\varepsilon}\sigma\tau'\ \mathring{\alpha}\mu\varphi\iota\sigma\beta\acute{\eta}\tau\eta\sigma\iota\varsigma$, welche Caillemer vollkommen misverstanden hat; sie bedeuten: um Grundstücke und Häuser kann in unserem Staat kein Streit sein; bekanntlich sollte im Platonischen Staat der Grund und Boden in unveräusserliche und unteilbare Acker-

---

1) Caillemer, Etudes sur les antiquités jurid. d'Athènes VII. La prescription à Athènes. Mém. de l'Acad. impér. de Caen. 1869, auch Paris 1869.
2) Plato, leges XII. 954 VII C ff.

loose eingeteilt sein [1]); daraus geht mit Evidenz hervor, dass die Stelle nur auf den Platonischen Staat hinweist. Die detaillierten Bestimmungen bezüglich der Ersitzung beweglicher Sachen haben deshalb nur insofern Interesse, als sie beweisen, dass ein reformlustiger Philosoph sich bereits die Ersitzung ausgedacht hatte. Wenn man bedenkt, dass im positiven Recht der Athener das Recht eines Erben noch angefochten werden konnte, nachdem er auf Grund des archontischen Zuspruchs dreiundzwanzig Jare besessen hatte, wird man kaum noch ein Bedürfnis fühlen, die Usucapion in das attische Recht hineinzutragen.

So lange aber den Athenern die Usucapion fremd war, konnten sie zu dem absoluten Beweis und damit zu dem absoluten Eigentumsrecht der formula petitoria nicht gelangen; so lange musste der vergleichende Beweis und der relative Charakter des Eigentums bei ihnen herrschen, den ich im Vorstehenden zu schildern versucht habe.

---

[1] Plato, leges V. 739 X. C ff.